Carl-Auer

Stimmen zum Buch

»Dieses Buch ist so eingängig wie genial. Es wendet sich an Schüler wie an Lernende mit und ohne fachliche Unterstützung, die eine eigene Struktur für die Speicherung und den gezielten Abruf von Lerninhalten unter leichteren wie schwereren Umgebungsbedingungen erhalten. Damit ist diese Technik eine Handreichung, die einen wesentlichen Mangel unseres Bildungssystems schließen hilft. Sie lehrt das Lernen, indem jeder Lernende seine eigene für ihn wirksame Struktur entwickelt. Diese erhöht zugleich die Effizienz, macht unabhängig und führt damit zum eigenverantwortlichen, erfolgreichen Lernen. Dieses Buch gehört in die Hände von jedem, der Lernen verbessern möchte.«

Inge Frank, systemisch-lösungsorientierte Familien- und Lerntherapeutin

»Wer lernen will, wie man das Lernen lernen kann, liegt mit diesem Buch goldrichtig. Wenn man sich schon den Lehrstoff nicht aussuchen kann, lässt er sich hiermit klar strukturieren. Lernen ist ein persönliches Abenteuer. Gut angelegtes Taschengeld – oder etwas zum Verschenken.«

Siegfried Joel, Arzt für Kinder und Jugendliche

»Das ›Haus des Wissens‹ gibt anschauliche, gut beschriebene, praktische Anleitungen für diese leicht erlernbare Imaginationstechnik, die mit Danielas ausführlichen Erfahrungen mitreißend und berührend verdeutlicht werden. Lassen Sie sich von den faszinierenden Erkenntnissen der Lernenden überraschen.«

Dipl.-Psych. Claudia A. Reinicke, Kinder- und Jugendlichenpsychotherapeutin, Begründerin des KIKOS-Instituts

»Sabine und Daniela Fruth beschreiben eine leicht zu vermittelnde hypnotherapeutische Lerntechnik, mit der man Wissen strukturiert abspeichern und wieder abrufen sowie sein eigenes Lernverhalten kennenlernen und effizienter machen kann. Ein unverzichtbares Buch für alle, die mit Lernenden arbeiten.«

Melchior Fischer, M.E.G.A.Phon

Zu diesem Buch gibt es ergänzendes Material online:
carl-auer.de/HDW

Sabine Fruth/Daniela Fruth

Das Haus des Wissens

Durch Imagination zum individuellen Lernerfolg

Mit Illustrationen von Lutz Frentzel

Dritte Auflage, 2023

Themenreihe »Systemische Pädagogik«
hrsg. von Rolf Arnold
Reihengestaltung: Uwe Göbel
Umschlagfoto: pixabay
Satz: Drißner-Design u. DTP, Meßstetten
Illustrationen: © Lutz Frentzel, www.lufre.de
Printed in Germany
Druck und Bindung: CPI books GmbH, Leck

MIX
Papier | Fördert gute Waldnutzung
FSC® C083411
FSC www.fsc.org

CPI klimaneutral
Mehr Bäume.Weniger CO_2

Dritte Auflage, 2023
ISBN 978-3-8497-0169-7 (Printausgabe)
ISBN 978-3-8497-8069-2 (ePUB)

Bibliografische Information der Deutschen Nationalbibliothek:
Die Deutsche Nationalbibliothek verzeichnet diese Publikation in der Deutschen Nationalbibliografie; detaillierte bibliografische Daten sind im Internet über http://dnb.d-nb.de abrufbar.

Informationen zu unserem gesamten Programm, unseren Autoren und zum Verlag finden Sie unter: **https://www.carl-auer.de/**
Dort können Sie auch unseren Newsletter abonnieren.

Carl-Auer Verlag GmbH
Vangerowstraße 14 • 69115 Heidelberg
Tel. +49 6221 6438-0 • Fax +49 6221 6438-22
info@carl-auer.de

Inhalt

1 Einführung

Das *Haus des Wissens* als allgemeine Lerntechnik

Im ersten und längsten Teil des Buches wird das *Haus des Wissens* als allgemeine Lerntechnik beschrieben. Sie erfahren, wie das *Haus des Wissens* als Methode funktioniert, mit der man Wissen strukturiert abspeichern und wieder abrufen kann. Sie lernen die Arbeit mit Imaginationen und individuellen, inneren Bildern kennen – und wie Sie diese Erkenntnisse nutzen und umsetzen können.

Das Konzept vom *Haus des Wissens* umfasst jedoch weitaus mehr als die reine Lernstrategie. Sie erfahren zusätzlich, wie Sie den Lernenden[1] beispielsweise dabei unterstützen können, sein Selbstbewusstsein zu steigern und seine Persönlichkeit zu stärken. Solche Aspekte finden Sie an unterschiedlichen Stellen des Buches. Sie tragen dazu bei, dass man positive Entwicklungen auch außerhalb der Thematik »Lernen« erleben kann.

Die Vermittlung der allgemeinen Lerntechnik (s. Kap. 2) und die Anwendung im therapeutischen Bereich (s. Kap. 3) lassen sich nicht eindeutig voneinander abgrenzen. Die Aufteilung auf verschiedene Kapitel dient der besseren Übersicht. Es gibt Überschneidungen – so bewege ich mich im 2. Kapitel auch immer mal wieder im therapeutischen Setting, außerdem ist dieser Abschnitt natürlich die Grundlage für das Verständnis des 3. Kapitels. Die Arbeit mit dem *Haus des Wissens* lässt sich in ganz unterschiedlichen Kontexten einsetzen: einzeln oder in Gruppen, im Förderbereich sowie in einem therapeutischen Setting. Sie wird von verschiedenen Fachpersonen angeboten. So richtet sich dieses Buch an Lerntherapeuten, Lehrer, Psychotherapeuten, Erzieher und Coachs. Ich selbst wende die Methode im Rahmen meiner psychotherapeutischen Praxis mit einzelnen Lernenden und auch mit Gruppen an.

Die ersten Ansätze dieser Lerntechnik ergaben sich zunächst aus den praktischen Bedürfnissen einiger Schüler, die wegen psychosomatischer Beschwerden bei mir in Therapie waren. Während der imaginären Körperarbeit entwickelte ich mit ihnen die ersten Wissensbereiche, in denen wir aktuelle Lernprobleme betrachteten. Schnell entstand der

1 Aus Gründen der besseren Lesbarkeit verzichten wir hier und im Folgenden auf die explizite Nennung beider Geschlechter.

»Bereich des Wissens«, in welchem ich die Schüler bereits ähnlich arbeiten ließ wie später im *Haus des Wissens*. Als nun Schüler zu mir kamen, die ausschließlich an ihren Lernblockaden arbeiten wollten, entwickelte ich das *Haus des Wissens* als separate Lernstrategie. Diese inzwischen standardisierte Methode soll in diesem Buch beschrieben werden.

Die einzelnen Schritte bei der Arbeit mit dem *Haus des Wissens* als allgemeine Lerntechnik sind anschaulich und verständlich beschrieben. Dies erfolgt insbesondere durch eine klare Unterteilung in einen eher theoretischen Abschnitt, der die Hintergründe und Ziele des einzelnen Kapitels beschreibt, und einen praxisorientierten Teil. In diesem finden Sie ausführliche Empfehlungen, wie Sie die einzelnen Schritte konkret in die Praxis übertragen können.

Dieser erste Teil des Buches kann auf zwei unterschiedliche Weisen gelesen und genutzt werden: Zum einen erfahren Sie, wie Sie einen Lernenden durch die Arbeit mit dem *Haus des Wissens* anleiten und begleiten können. Zum anderen bietet es Ihnen aber auch die Möglichkeit, Ihre eigenen Bilder zu entwickeln und die Methode weitgehend autodidaktisch selbst zu nutzen. Sie können jederzeit selbst entscheiden, welche Aspekte für Sie am spannendsten sind und wie Sie die neuen Erkenntnisse in der Praxis umsetzen möchten.

Am Ende einiger Kapitel beschreibt Daniela Fruth fortlaufend ihre eigenen Erfahrungen mit dem *Haus des Wissens*. Sie hat die Methode in der Vorbereitung auf das Abitur genutzt und erzählt in einzelnen Episoden, wie sie in ihrem Haus die zuvor erläuterten Schritte umgesetzt hat. Sie erleben, welche Bilder durch die Methode entstehen können. Dies führt von der allgemeinen Theorie und Praxis direkt zu einem individuellen Beispiel, das einige Aspekte noch besser veranschaulicht. Diese Abschnitte sind grau unterlegt und somit als fortlaufende Berichte schnell erkennbar.

Das *Haus des Wissens* in der therapeutischen Arbeit

Eine vertiefende Möglichkeit, mit dem *Haus des Wissens* zu arbeiten, liegt im (psycho)therapeutischen Bereich. In diesem zweiten Teil des Buches erfahren Sie, wie im *Haus des Wissens* unter anderem Lernblockaden gelöst oder schwerwiegendere Lernschwierigkeiten behandelt werden können. Dabei werden allgemeine, aber auch spezifischere therapeutische Methoden beschrieben.

Erfahrene Psycho- oder Lerntherapeuten können darüber hinaus die ihnen bekannten Therapiemethoden mit dem Beschriebenen kombinieren.

Auch diese Lösungsstrategien sind möglichst anschaulich und eingängig beschrieben. Allerdings sollten Sie berücksichtigen, dass zur therapeutischen Arbeit mit dem *Haus des Wissens* eine entsprechende Vorerfahrung notwendig ist. Es ist ein großer Vorteil dieser Vorgehensweise, dass auf fast spielerische Art psychotherapeutische Themen und Probleme behandelt werden können. Allerdings können auch hierbei Blockaden sichtbar werden, die vorsichtig und für den Lernenden bestmöglich aufgelöst werden sollten. Dies erfordert eine gewisse Ausbildung und Erfahrung, die Sie nicht allein durch das Lesen dieses Buches erlangen können. Sie können jedoch gespannt sein, wie vielfältig die Arbeit mit dem *Haus des Wissens* sein kann und welche Veränderungen sich damit bewirken lassen.

Das *Haus des Wissens* in der Arbeit mit Gruppen

Im letzten Kapitel wird die Anwendung dieser Lernstrategie in der Arbeit mit Gruppen thematisiert. Habe ich vorher vor allem direkte Gespräche zwischen einem Anleitenden und einem Lernenden beschrieben, so gehe ich hier auf die Besonderheiten ein, die es in diesem Kontext zu bedenken gilt. Gerade für Lehrer oder Lerntherapeuten, die mehrere Schüler gleichzeitig betreuen, gibt es hier nützliche Hinweise.

Für wen eignet sich die Arbeit mit dem *Haus des Wissens*?

Erfahrungsgemäß suchen Kinder nach einer Unterstützung im lerntherapeutischen Bereich, wenn sie ihre schulischen Leistungen verbessern möchten oder unter Prüfungsängsten leiden. Bei Jugendlichen und Erwachsenen ist dies ähnlich. Hier stehen meist Lernblockaden, Konzentrationsprobleme und schlechte Erfahrungen im Zusammenhang mit Prüfungen im Vordergrund. Das Ziel ist zum einen, das Lernen zu optimieren, und zum anderen, das Erlernte dann auch bestmöglich wiedergeben zu können.

Häufig vorkommende Indikationen für eine therapeutische Arbeit mit dem *Haus des Wissens* sind:

- Lernblockaden
- Schreibblockaden
- Konzentrationsprobleme
- Prüfungsängste
- Blackouts bei Prüfungen
- Schulängste

Allen Kindern, Jugendlichen oder Erwachsenen sollte zunächst die allgemeine Lerntechnik vom *Haus des Wissens* vermittelt werden (s. Kap. 2). Im weiteren Verlauf lassen sich die verschiedenen Probleme dann therapeutisch auflösen (s. Kap. 3).

Darüber hinaus kann man Lernenden jeder Altersstufe das *Haus des Wissens* als eine Form des Mentaltrainings vermitteln, ohne dass schwere Probleme vorliegen. Gerade in solchen Fällen gelingt das Arbeiten mit der Methode meist ganz spielerisch.

Danielas Erfahrung: Chaos im Kopf

Blickt man mit einigen Jahren Abstand auf wichtige Momente oder entscheidende Erlebnisse zurück, so entstehen vor dem inneren Auge sehr vielfältige, bunte Bilder. Mein Abitur liegt einige Jahre zurück. Es fällt mir trotzdem sehr leicht, mich an diese Zeit zu erinnern. Alle Emotionen, die dabei eine Rolle spielten, die aufregenden Tage der Prüfungen und die Erlebnisse aus dieser Zeit lassen sich auch heute noch problemlos abrufen, sodass die Bilder von damals wieder lebendig werden.

Ich möchte Sie als Leser oder Leserin ganz bewusst an meinen inneren Bildern teilhaben lassen, die für mich mit dem *Haus des Wissens* verknüpft sind. Sie haben mich auf dem Weg durch mein Abitur begleitet und eine entscheidende Rolle gespielt. Meine Bilder sollen verdeutlichen, wie die Arbeit mit dem *Haus des Wissens* aussehen kann und welche Hilfestellungen man dadurch erfahren kann.

Zunächst möchte ich darstellen, wie ich dazu kam, mit dieser Lernmethode zu arbeiten. Anschließend werde ich Sie aus der damaligen Sicht direkt mitnehmen in mein *Haus des Wissens* und in die Bilder, die mich während meiner Abiturprüfungen begleitet haben.

Ich war immer eine gute Schülerin, ging verhältnismäßig gern in die Schule, hatte dort meine wichtigsten Freunde und an sich immer Spaß am Lernen. In der Oberstufe wuchs dann allmählich der Aufwand, den ich betreiben musste, um gute Leistungen zu erbringen. Trotzdem konnte ich auch in dieser Zeit meine Lernphasen so einteilen, dass noch genügend Freizeit blieb. Mit der Vorbereitung auf das Abitur änderte sich dies jedoch rasch. Plötzlich wurden keine kleineren Klausuren in einem absehbaren Zeitraum geschrieben, sondern man begann Wochen vor der eigentlichen Prüfung mit dem Lernen und hatte ein viel größeres Pensum zu bewältigen.

Zuvor war es mir nie schwergefallen, eine Aufgabe nach der anderen zu erledigen. Plötzlich lagen jedoch mehrere Stapel auf meinem

Schreibtisch, die kein Ende zu nehmen schienen und allesamt bearbeitet werden wollten. Zusätzlich hatte ich das Gefühl, so früh mit dem Lernen anfangen zu müssen, dass ich bis zum entscheidenden Tag die Hälfte des Lernstoffs wieder vergessen würde. So gingen die Tage ins Land, an denen ich am Schreibtisch saß und mich kaum noch traute, Pausen einzulegen und meinen Freizeitbeschäftigungen nachzugehen. Stattdessen bekam ich immer häufiger ein schlechtes Gewissen, wenn ich für eine Aufgabe länger brauchte. Noch schlimmer wurde es, wenn ich an manchen Tagen vermeintlich wichtige Themen vernachlässigen musste oder ein Hauptfach gar nicht bearbeiten konnte.

Zusätzlich fiel es mir immer schwerer, die Fächer bewusst voneinander zu trennen. Meine schriftlichen Abiturprüfungen sollte ich in Deutsch, Mathematik und Englisch absolvieren. Mit der Zeit ertappte ich mich aber immer häufiger dabei, zum Beispiel an eine problematische Mathematikaufgabe zu denken, während ich gerade einen Deutschtext lesen wollte, oder umgekehrt. Der Druck und Frust wurden immer größer, sodass ich am Ende an meinem Schreibtisch saß und das Gefühl hatte, gar nicht erst anfangen zu können, da es ja sowieso keinen Sinn hätte.

So überlegte ich, ob ich meine Eltern um Rat fragen sollte. Mir war bewusst, dass meine Mutter in ihrer Praxis mit Kindern eine bestimmte Lernmethode einübte, um ihnen bei Lernschwierigkeiten oder Prüfungsangst zu helfen. Doch die Überwindung, mein eigenes »Scheitern« zuzugeben, war riesig. Nachdem ich immer gute Leistungen erzielt hatte, schienen diese Mechanismen nun ausgerechnet vorm Abitur zu versagen. Ich war mit meinen eigenen Leistungen unzufrieden, und es fiel mir schwer, dies zuzugeben. Doch der Gedanke, noch länger frustriert vor dem Schreibtisch zu sitzen, erschien mir noch unerträglicher. So fragte ich meine Mutter, wie diese Lernstrategie aussehen würde und ob sie mir, die ich eigentlich immer gut zurechtgekommen war, überhaupt helfen könne. Der bittere Beigeschmack, nun von einer guten Schülerin zu einer Patientin zu werden, die psychotherapeutische Hilfe in Anspruch nehmen musste, ließ sich nicht ignorieren.

Die Ausführungen meiner Mutter über ihre Arbeit mit den Kindern in der Praxis verbesserten die Situation nicht wirklich. Sie sprach von Lernblockaden und generellen Lernschwächen, und ich fühlte mich zunehmend wie eine Versagerin. Als sie jedoch die Lernstrategie an sich detaillierter erläuterte, begann ich, eine Chance zu sehen. Die

Methode erinnerte mich an Gedächtniskünstler, die sich einen bestimmten Weg oder eben auch ein Haus vorstellen, um sich Begriffe in kurzer Zeit zu merken. Außerdem erschien mir der Gedanke, das vorhandene Wissen sortieren zu können, als äußerst hilfreich. Ich konnte mir zwar überhaupt nicht vorstellen, wie dies genau funktionieren sollte, aber immerhin war meine Neugier geweckt. Der bittere Beigeschmack des Versagens verflüchtigte sich nicht ganz, aber ich wollte es wenigstens versuchen.

Treten Sie also mit uns ein ins *Haus des Wissens*!

2 Das *Haus des Wissens* als allgemeine Lerntechnik

Im Folgenden wird das *Haus des Wissens* als Lerntechnik detailliert beschrieben – sei es zum Erlernen einer Lernstrategie ganz allgemein oder zur Vermittlung derselben in einem therapeutischen Setting. Sie erfahren, wie Sie den Lernenden dabei unterstützen, den Weg zu seinem *Haus des Wissens* zu finden, sein individuelles Haus kennenzulernen, Lernräume zu gestalten und Helferwesen zu finden. Sie lesen etwas über das Lernen und Arbeiten mit dem *Haus des Wissens,* ebenso über das Einrichten von Pausenregelungen, zielführender Planung und einem Netzwerk, das die einzelnen Bereiche des Hauses miteinander verknüpft. Abschließend beschreibe ich weiterhin, wie sich das *Haus des Wissens* in Prüfungssituationen zur Vorbereitung und während einer Prüfung nutzen lässt.

In den Praxisabschnitten finden Sie konkrete Formulierungen für die Arbeit mit den Lernenden. Sie sollen als Beispiel dienen und können Ihren eigenen Vorstellungen angepasst werden. Sollte es ratsam sein, einzelne Abschnitte wörtlich zu übernehmen, weise ich entsprechend darauf hin. Ebenso beschreibe ich in manchen Bereichen die Arbeit mit jüngeren Kindern und die Arbeit mit Jugendlichen oder Erwachsenen gesondert, wenn es dabei unterschiedliche Herangehensweisen gibt.

Bevor Sie den Lernenden zu seinem *Haus des Wissens* lotsen können, sind ein paar allgemeine Vorbereitungen nötig. Im Folgenden wird nun ausgeführt, wie sich der Erstkontakt günstig gestalten lässt. Sie erfahren auch, wie Sie den Lernenden auf die Arbeit mit inneren Bildern vorbereiten und wie Sie ihm bei der einen oder anderen anfänglichen Hürde behilflich sein können.

2.1 Allgemeine Vorbereitungen

2.1.1 Das Vorgespräch

Vor den eigentlichen Sitzungen mit Lernenden ist ein orientierendes Vorgespräch sehr wichtig. Darin sollte der Grundstein für eine gemeinsame Arbeit gelegt werden. Bei Minderjährigen muss mindestens ein Erziehungsberechtigter anwesend sein. Meist ist es ratsam, dass man beide Elternteile zu diesem informativen Termin einlädt, um die Kooperation mit allen Beteiligten zu optimieren.

Als Voraussetzung für eine gute Zusammenarbeit sind beim Erstkontakt verschiedene Aspekte sehr wichtig:

- Ehrlichkeit
- Vertrauen aufbauen
- Transparenz der Arbeit
- Informationen über die Arbeit mit Imaginationen
- Beispiele für Imaginationen aus dem Alltag
- Eltern einbeziehen
- die Rolle des Anleitenden als Lotse darstellen
- Raum für Fragen aller Beteiligten
- Bedenkzeit bis zum Beginn der gemeinsamen Arbeit

Entscheidend ist insbesondere in einem therapeutischen Setting auch der Hinweis auf die Schweigepflicht. Es sollte deutlich werden, dass Sie als Anleitender weder mit den Eltern noch mit anderen Personen über die inneren Bilder der Kinder reden werden. Sie können die Eltern ganz allgemein über den Therapieverlauf unterrichten, inhaltliche Bilder müssen jedoch immer der Schweigepflicht unterliegen. Gerade die Kinder entwickeln dadurch ein großes Vertrauen in Sie und werden in ihrer Autonomie und Selbstverantwortung bestärkt. Nur wenige Kinder berichten erfahrungsgemäß den Eltern von ihren Bildern.

Eine Vorhersage darüber, wie lange die gemeinsame Arbeit mit dem *Haus des Wissens* dauern wird, ist schwer zu treffen. Der Verlauf ist meist sehr individuell und im Vorfeld schlecht vorherzusehen, da er von vielen verschiedenen Faktoren abhängt.

Sie sollten im Vorgespräch klären, ob die Kinder alleine mit Ihnen arbeiten möchten oder ob ein Elternteil während der Gespräche anwesend sein soll. Dabei sollte vor allem das Kind entscheiden dürfen. Meistens fällt die Entscheidung gegen eine Anwesenheit der Eltern. Allerdings kann vor allem bei Kindern mit einer Angstsymptomatik eine Unterstützung sinnvoll sein. Hier sollte man immer eine individuelle Entscheidung treffen.

Der Begriff »Imaginationen« hat sehr unterschiedliche Wirkungen auf verschiedene Menschen. Kinder bis zu einem gewissen Alter können mit diesem Wort gar nichts anfangen. Daher sind sie auch unvoreingenommen. Jugendliche und Erwachsene sind dagegen mitunter sehr skeptisch. Sie sollten so ausführlich wie nötig aufgeklärt werden, damit man eventuellen Ängsten entgegenwirken kann.

Es ist sehr vorteilhaft, wenn Sie im Vorgespräch Neugierde und Vorfreude wecken. Hierzu folgen einige Hinweise für die Praxis.

Praxis

»Wenn du dich dafür entscheiden solltest, mit mir zu arbeiten, dann werde ich dir das Haus des Wissens vorstellen. Dieses Haus stellt unter anderem ein Symbol für die Wissensbereiche in deinem Gehirn dar. Es entstehen ganz eigene Bilder, die dein Gehirn für passend hält. So bekommst du eine bildliche Vorstellung davon, wie du bisher dein Erlerntes abgespeichert hast und was du noch verbessern kannst.

Diese Arbeit auf der unbewussten Ebene entspricht einer Art Mentaltraining. Das Ziel sollte dabei sein, dass du diese Techniken erlernst und dann alleine damit weiterarbeiten kannst.«

Unter Umständen sind Beispiele aus dem Leistungssport hilfreich.

»Heute arbeiten bereits sehr viele Leistungssportler mit Mentaltraining. Nehmen wir einmal als Beispiel Rennrodler im Eiskanal. Vielleicht hast du im Fernsehen schon einmal beobachtet, wie diese vor dem Start eine mentale Übung durchführen. Dabei stehen sie mit geschlossenen Augen irgendwo herum und bewegen sich wie auf einem Schlitten.«

Ich zeige dann das Verhalten der Rennrodler und simuliere eine solche Übung.

»Sie fahren in Gedanken den Eiskanal hinunter und spüren dabei genau, wie sie sich in jede Kurve legen. Wenn sie das oft genug machen, sind sie dadurch tatsächlich hinterher besser unterwegs.«

Bei solchen praktischen Beschreibungen beobachte ich immer sehr genau, ob mir die Kinder auch folgen können. Meine Sprache und die entsprechenden Formulierungen müssen stets dem Alter und Intellekt meines Gegenübers angepasst sein. Daher können die hier angeführten Gesprächsbeispiele immer nur eine von vielen möglichen Varianten darstellen.

Kindern versuche ich ebenso wie Erwachsenen die Sinnhaftigkeit unserer gemeinsamen Arbeit zu erläutern. Sie sollen verstehen lernen, wie ihre Imaginationen Veränderungen herbeiführen und warum sie die erlernten Techniken üben sollten.

»So ähnlich ist es mit dem Haus des Wissens auch: Du findest Bilder, die zeigen, welche Fähigkeiten du bereits besitzt und wie du am besten lernen

kannst. Im nächsten Schritt erfährst du dann, wie du deine Klassenarbeiten am besten schreiben kannst. Du solltest diese Techniken aber genauso regelmäßig trainieren, wie es die Sportler tun. Dabei können dir deine Eltern bestimmt helfen.«

Bei jüngeren Kindern bis circa zehn Jahre ist eine Unterstützung durch die Eltern sinnvoll. Bei älteren Kindern muss man die Eltern häufig eher bremsen. Das Vorgespräch dient somit auch dazu, einen Eindruck von der Interaktion zwischen Eltern und Kind zu bekommen.

Während der gemeinsamen Arbeit ist es sehr wichtig, mit den Eltern in Kontakt zu bleiben. Ihre Rückmeldungen, was sie zu Hause von unserer Arbeit wahrnehmen, können sehr aufschlussreich sein. Ich kündige an dieser Stelle auch gerne an, dass ich manchmal sehr unkonventionell arbeite und möglicherweise seltsame Vorschläge unterbreite.

»Wenn Sie mit mir arbeiten wollen, so müssen Sie aber mit allem Möglichen rechnen! Ich mache manchmal sehr seltsame Vorschläge. Noch habe ich keine Ahnung, was die Arbeit mit Ihrem Sohn ergeben wird. Ich kann Ihnen aber jetzt schon mitteilen, dass ich mir bei meinen Vorschlägen immer etwas denke und in der Regel damit auch sehr erfolgreich bin.«

Diese Äußerungen führen zunächst zu völliger Verwirrung – vor allem bei den Eltern. Die Kinder sind an dieser Stelle meist voller Erwartung und aufmerksam (Musterunterbrechung). Ich signalisiere hier schon, dass meine eventuellen Aktionen von der individuellen Geschichte dieser Familie unabhängig sind. Somit bekommen sie die Information, dass es anderen Eltern ähnlich geht. Weiter suggeriere ich, »in der Regel« damit erfolgreich zu sein. Nach einer kurzen Pause deute ich meine Aktionen mitunter sehr provokativ an.

Manchmal bitte ich die Eltern, sich für eine Weile – sagen wir für vier Wochen – überhaupt nicht mehr um die Hausaufgaben ihres Kindes zu kümmern.

»Es könnte sogar sein, dass ich Sie bitte, das Thema Schule für einige Zeit ganz aus Ihrem Gesprächsstoff zu streichen.

In einzelnen Fällen kam es sogar schon vor, dass ich ein Kind darum gebeten habe, ganz bewusst eine Fünf oder sogar eine Sechs zu schreiben.

Sie können aber ganz sicher sein, dass ich solche Ratschläge nur gebe, wenn ich sie für die bestmögliche Therapie halte. Ich verspreche Ihnen im Gegenzug, dass ich dies mit Ihnen bespreche und Ihnen dann auch helfe, das durchzustehen.«

> Diese »Offenbarungen« teile ich im Erstgespräch nur dann mit, wenn ich das Gefühl habe, dass Eltern zu sehr in das Schulleben ihrer Kinder involviert sind. Vor allem zu Jugendlichen, die gegen ihren Willen in meine Praxis gezerrt wurden, entsteht hierdurch sofort eine brauchbare Beziehung.
>
> In den meisten Fällen sind solche Provokationen jedoch nicht notwendig. Es ist auch ein großer Unterschied, ob ich dies humorvoll oder mit ernster Miene äußere. Die Stimmung zum Ende eines Vorgesprächs sollte stets positiv sein.
>
> Die Begleitung dieser familiären Interaktionen hat natürlich nichts mit dem *Haus des Wissens* zu tun. Es geht aber vor allem bei großen Widerständen und Blockaden bis hin zur Schulverweigerung darum, ganzheitlich und systemisch zu therapieren. Wenn der erste Eindruck einer Familie solche Probleme offenbart, nutze ich die Gelegenheit, auch über systemische Interventionen frühzeitig aufzuklären.

2.1.2 Vorbereitung auf die Arbeit mit inneren Bildern

Im Folgenden sollen die ersten Schritte vor der eigentlichen Arbeit mit dem *Haus des Wissens* erläutert werden. Das sind zum einen vorbereitende Erklärungen zur Arbeit mit Imaginationen. Zum anderen wird auch erläutert, wie man mit möglichen Schwierigkeiten zu Beginn der Imaginationen umgehen kann.

Es gibt ganz unterschiedliche Wege zu den eigenen inneren Bildern. Manche Kinder wünschen sich in der ersten Sitzung keine vorbereitenden Erklärungen mehr, sondern wollen gleich loslegen. In solchen Fällen können Sie direkt mit dem allgemeinen Weg zum *Haus des Wissens* beginnen (s. Kap. 2.2 »Den Weg zum *Haus des Wissens* finden«).

Für viele ist jedoch ein langsameres Vorgehen sinnvoll. Bei jüngeren Kindern ist es beispielsweise ratsam, zunächst die Begrifflichkeiten, die in der folgenden Arbeit verwendet werden, näher zu erläutern:

Praxis

Imaginationen lassen sich leicht über den Begriff des »Kopfkinos« erklären. Beispiele aus dem Alltag können dabei sehr hilfreich sein.

»Wenn du z. B. ein Märchen vorgelesen bekommst, dann läuft in deinem Kopf wahrscheinlich eine Art Film ab. Du stellst dir in Bildern vor, wie Schneewittchen und die sieben Zwerge aussehen und miteinander reden.

Manche Kinder sehen ihren Film mit offenen Augen, andere möchten sie lieber schließen. Es gibt auch einen Trick, dass man sich mit geschlossenen Augen vorstellt, der Film laufe von innen direkt hinter der Stirn. Wenn du am Anfang einen Finger auf die Mitte deiner Stirn legst und mit den geschlossenen Augen nach oben schaust, so findest du diesen Punkt besser.«

Ich zeige den Kindern diesen Punkt an mir selbst und schließe die Augen. Je nach Alter wiederhole ich solche Erklärungen, bis ich den Eindruck habe, dass die Kinder mich wirklich verstanden haben.

»Für einige ist auch hilfreich, wenn sie ihren Kopf auf den Arm legen. Probier einfach aus, wie du dein Kopfkino am besten starten kannst.«

Die Rückmeldung ist sehr wichtig, damit das Kind die Möglichkeit hat, etwas zu verändern. In den meisten Fällen gelingt der Start ohne Probleme und der Lernende macht sich imaginär auf seinen Weg zum *Haus des Wissens* (s. Kap. 2.2 »Den Weg zum *Haus des Wissens* finden«).

Ausführliche Erklärungen, was der Begriff »Imagination« neben dem klaren Sehen von Bildern alles beinhalten kann, sind mir sehr wichtig. An einfachen Beispielen von eigenen Vorstellungsbildern versuche ich, die Vielfältigkeit der Imaginationen zu erläutern. So lasse ich mir beschreiben, wie es im Alltag zu Hause aussieht, wie das Wohnzimmer eingerichtet ist oder um was für ein Haustier es sich genau handelt. Diese Art der Vorstellungskraft ist eigentlich jedem gegeben (Reddemann 2011).

Manchmal kann es zu Anlaufschwierigkeiten kommen. So gibt es Beschreibungen wie:

- *»Wenn ich die Augen schließe, ist alles weg.«*
- *»Wenn ich die Augen offen lasse, verschwimmen meine Bilder.«*
- *»Ich weiß nicht, wo ich hingucken soll.«*

Vor allem zu Beginn ist es sehr wichtig, dem Gegenüber genug Zeit zu lassen. Gerade bei unsicheren Kindern ist eine positive Motivation hilfreich. Sie sollten niemals Druck ausüben. Manche Kinder müssen erst einmal ausprobieren, wie sie in Anwesenheit eines anderen auf Kommando etwas am besten visualisieren können.

Wenn Sie sich rücksichtsvoll verhalten, können Sie Unsicherheiten und harmlose Anlaufschwierigkeiten schnell abbauen.

Bei der Anleitung **vermeide ich negative Formulierungen** wie:

- *»Das ist doch gar nicht schlimm.«*
- *»Das ist kein Problem.«*
- *»Das macht nichts.«*
- *»Mach dir nichts daraus.«*

Es ist inzwischen nachgewiesen, dass negative Formulierungen meist auch einen negativen Effekt haben (Frisaldi, Piedimonte a. Benedetti 2015; Zech, Seemann u. Hansen 2014).

Daher versuche ich, stets mit **positiven Formulierungen** zu reagieren:

- *»Lass dir ruhig Zeit.«*
- *»Jeder hat sein eigenes Tempo.«*
- *»Die Bilder dürfen durchaus undeutlich sein.«*
- *»Es ist sehr gut, wenn du einen Schritt nach dem anderen machst.«*
- *»Ich weiß, dass oftmals mehrere Versuche notwendig sind, bis man genug Übung hat.«*
- *»Das ist völlig normal.«*

Es dauert bei manchen Menschen tatsächlich einige Zeit, bis sie so imaginieren, dass sie mit ihren Bildern zufrieden sind.

Natürlich können bereits Probleme auftauchen, bevor die eigentliche Arbeit begonnen hat. Hier ist es manchmal schwierig herauszufinden, ob es sich um einen vorübergehenden Widerstand handelt (s. Kap. 3.2 »Widerstände und Lernblockaden«) oder um ein individuelles, generelles Phänomen.

Immer wieder höre ich den Satz »Ich sehe grundsätzlich keine Bilder«. Dann haben die Menschen manchmal zu hohe Ansprüche an sich selbst. Ich versuche dann herauszufinden, wie dieser Mensch im Alltag seine Umgebung wahrnimmt.

- *»Wenn Sie ein Buch lesen, haben Sie dann irgendeine Vorstellung von dem Geschriebenen?«*
- *»Was machen Sie denn so im Alltag? Beschreiben Sie mir doch bitte einmal Ihren Arbeitsplatz ... Ihr Zuhause.«*

Die wahrgenommenen Bilder müssen nicht gestochen scharf sein. Manchmal ist es nur ein Gedanke, ein Gefühl oder eine Stimmung. Die Beschreibungen vom Arbeitsplatz oder dem Zuhause verdeutlichen, welche individuellen Imaginationen dieser Mensch aufbauen kann.

Ich versuche also, Druck herauszunehmen, und rege dazu an, sich lediglich etwas vorzustellen. Ob dies ein klares Bild oder nur ein Gedanke ist, spielt keine Rolle. Interessanterweise funktionieren die Imaginationen immer besser, wenn man einfach mit der therapeutischen Arbeit beginnt. Wichtig ist es, dem Gegenüber klarzumachen, dass die eigenen Wahrnehmungen stets richtig sind. Mit der Zeit und etwas Übung wird das Imaginieren immer leichter fallen.

Dennoch gibt es auch Menschen, die nicht mit Imaginationen arbeiten können oder wollen. Das muss man selbstverständlich akzeptieren und respektieren.

2.2 Den Weg zum *Haus des Wissens* finden

Nach der Einführung in die Arbeit mit inneren Bildern geht es nun an die eigentliche Arbeit mit dem *Haus des Wissens.* Über die zunächst einfache Aufforderung, sich eine Wiese vorzustellen, lade ich den Lernenden dann ein, sein *Haus des Wissens* zu finden (s. u.). Die Betonung liegt hierbei auf »finden«. Es ist auch im weiteren Verlauf wichtig, den Lernenden nicht »suchen«, sondern »finden« zu lassen. Ein Suchprozess kann mitunter sehr lange dauern, und es könnte etwas gesucht werden, das es gar nicht gibt. Mit dem Wort »finden« suggerieren Sie, dass der Lernende sein Haus finden wird und dass es auch wirklich existiert.

Wichtig ist auch, dass der Lernende selbst herausfindet, auf welche Art er seine eigenen Bilder am besten wahrnehmen kann. Erwachsene schließen meist die Augen, während Kinder gerne mit offenen Augen imaginieren. Für die Intensität der Wahrnehmung macht dies keinen Unterschied. Für manche Kinder ist es hilfreich, sich einen großen Punkt im Bereich ihrer Stirn vorzustellen, in dem das innere Kopfkino abläuft.

Versuchen Sie am Beginn der gemeinsamen Arbeit, die verschiedenen Wahrnehmungsebenen in Ihren Formulierungen anzubieten. Im weiteren Verlauf wird sich dann mehr und mehr herausstellen, um welchen **Wahrnehmungstyp** (O'Connor a. Seymour 2001) es sich bei dem Lernenden handelt:

- visuell/optisch (sehen)
- kinästhetisch/taktil (fühlen)
- auditiv/akustisch (hören)
- gustatorisch (schmecken)
- olfaktorisch (riechen)

Sobald Sie den Wahrnehmungstyp erkannt haben, können Sie dies in Ihren Angeboten und Fragen berücksichtigen. Das kann die gemeinsame Arbeit erleichtern. Wenn Sie einen rein visuellen Typ immer wieder nach Gefühlen oder Klängen fragen, kann er dies als unangenehm empfinden. Bei Mischtypen sollten die Anregungen immer vielfältig bleiben.

Grundlegend ist bei der Anwendung dieser Lerntechnik außerdem, dass der Lernende in seinem eigenen Tempo arbeitet. Gerade in den ersten Sitzungen sollten Sie ihm die Gewissheit vermitteln, dass sein Tempo stets das richtige Tempo ist. Wie viel Zeit für die einzelnen Schritte einzuplanen ist, lässt sich daher auch schwer festlegen. Je besser Sie die Person kennenlernen, desto leichter lässt sich eine Voraussage treffen. Da jeder Mensch aber sehr unterschiedliche Bilder und Vorgehensweisen hat, kann man darüber keine allgemeine Aussage treffen.

Praxis

Ich steige direkt in die ersten Imaginationen ein. Dazu führe ich Kinder, Jugendliche und auch Erwachsene in Gedanken ganz unkompliziert auf eine Wiese. Ich lasse diese imaginieren und gebe dabei viele freie Assoziationen, wie es dort aussehen kann. Je weniger ich von außen vorgebe, desto freier kann die eigene Fantasie ein Bild aufbauen.

»Stell dir einfach eine Wiese vor. Du kannst jetzt die Augen schließen oder geöffnet lassen, vielleicht den Kopf ablegen – ganz, wie du magst.

Eventuell fällt es dir auch leichter, wenn dein Kopfkino innen an deiner Stirn abläuft. Du kannst so tun, als würdest du von innen dort hinschauen. Hier siehst du deine eigenen Bilder.

Schau einmal genau hin, wie die Wiese in deiner Vorstellung aussieht: Hat sie langes oder kurzes Gras? Gibt es Blumen oder irgendwelche Tiere? Wie ist das Wetter?

Ich lade dich dazu ein, auf dieser Wiese einfach voranzugehen. Vielleicht spürst du sogar, wie sich das Gras unter deinen Füßen anfühlt.«

Jüngere Kinder bis etwa zehn Jahre sprudeln meist sofort heraus, was sie sehen. Ältere Kinder und vor allem Erwachsene brauchen unter Umständen etwas mehr Zeit, sich auf diese inneren Bilder einzulassen.

Ich möchte immer genau wissen, was mein Gegenüber sieht und wahrnimmt. Daher lasse ich mir im Detail beschreiben, welche Imaginationen entstehen. So kann ich gut in die Welt des anderen mit einsteigen und seinem Weg folgen.

Sobald der Lernende auf seiner Wiese angekommen ist, frage ich nach, welche Bilder aufgetaucht sind:

- *»Beschreib mir bitte, was du wahrnimmst.«*
- *»Wie sieht deine Wiese genau aus?«*
- *»Kannst du etwas riechen?«*
- *»Was ist dort noch zu erkennen?«*
- *»Vielleicht hörst du auch etwas?«*
- *»Welche Temperatur nimmst du wahr?«*
- *»Spürst du die Wiese unter deinen Füßen?«*

Ich notiere mir die Beschreibungen. So kann ich sie in weiteren Sitzungen immer wieder als Einstieg nutzen:

»Heute lade ich dich wieder ein, auf deine Wiese mit den Gänseblümchen zu gehen. Vielleicht hörst du wieder eine Biene oder spürst den leichten Wind ...«

Dann bitte ich den Lernenden, weiterzugehen und – in seinem eigenen Tempo – sein *Haus des Wissens* zu finden.

»Ich lade dich nun ein, auf deiner Wiese weiterzugehen. Finde in deinem Tempo dein Haus des Wissens!«

Das eigene Tempo kann sehr unterschiedlich sein. In meiner Wahrnehmung entstehen und entwickeln sich Bilder bei Kindern extrem schnell, was mit zunehmendem Alter nachlässt.

Dann unterbreite ich verschiedene Angebote, wie das Haus aussehen kann. Es ist sehr wichtig, der Fantasie freien Lauf zu lassen. Gerade Kinder verfügen über eine Kreativität, welche ich nicht durch meine Vorgaben einschränken möchte.

»Nun lass dich überraschen, wie dein Haus des Wissens aussieht. Es ist ein Haus, in dem all dein Wissen abgespeichert ist. Dabei kann es aussehen wie ein ganz normales Haus, es kann aber auch eine Höhle, ein Baumhaus, ein Luftschloss oder etwas ganz anderes sein. Lass dich überraschen! Alles ist möglich. Und sag mir bitte Bescheid, wenn du dein Haus des Wissens gefunden hast.«

2.2.1 Das innere Krafttier

Diese Methode ist vor allem für jüngere Kinder geeignet – insbesondere, falls im Vorgespräch schon von Ängsten berichtet wurde. In solchen Fällen können Sie das Kind bereits auf der Wiese eine erste Helferfigur finden lassen: *das innere Krafttier* (Wirl 2009). Dieses Ritual hat sich sehr bewährt und führt erfahrungsgemäß dazu, dass das Kind gestärkt in die gemeinsame Arbeit hineingeht. Auch im weiteren Verlauf kann es sich durch dieses Krafttier effektiv unterstützen lassen.

Auch für Erwachsene kann eine solche Helferfigur sinnvoll sein. Im Einzelfall hängt dies vom Auftrag der gemeinsamen Arbeit ab und ist individuell zu entscheiden. Nicht immer handelt es sich bei dem Kraftwesen um ein Tier. Daher sollten Sie ein offenes Angebot formulieren.

Praxis

Ich biete dem Lernenden also an, dass ihm sein inneres Krafttier auf der Wiese begegnen kann:

»Wenn du nun ein Stück auf dieser Wiese gegangen bist, kann dir dein inneres Krafttier begegnen. Dieses Tier hat besondere Fähigkeiten! Es kann sehr klein oder auch sehr groß sein. Es kann wie ein normales Tier aussehen oder auch ein Zauber- oder Fabelwesen sein. Alles ist möglich.

Dein Krafttier ist in jedem Fall für dich ein Freund und Helfer, und du kannst mit ihm sprechen. Manchmal kann man sich mit ihm auch nur durch Gedankenübertragung verständigen.

Lass dich überraschen, was für ein Wesen dir begegnet. Wenn du es gefunden hast, sag mir bitte Bescheid.«

Sobald das Kind mitteilt, welches Tier oder Wesen ihm begegnet ist, lasse ich es mir beschreiben. Ich informiere darüber, dass dies ein ganz besonderer Freund und Helfer ist, der das Kind in allen möglichen Lebenslagen unterstützen kann:

»Dieser Bär (oder was auch immer genannt wurde) ist ab sofort ein ganz besonderer Freund und Helfer für dich. Du kannst ihn, wann immer du möchtest, auf dieser Wiese treffen und mit ihm reden. Du wirst spüren, dass es dir guttut, den Bären um Rat zu fragen. Manchmal ist es auch hilfreich, den Bären in besonders kniffligen Situationen gedanklich mitzunehmen.

Jetzt kann er dir helfen, dein Haus des Wissens zu finden. Ich lade dich nun ein, auf deiner Wiese weiterzugehen. Finde in deinem Tempo dein Haus des Wissens!«

Danach fahren Sie wie oben ausgeführt fort, bis der Lernende Ihnen sagt, dass er sein *Haus des Wissens* gefunden hat.

Danielas Erfahrung: Ein kleiner Spaziergang

Nach dem Gespräch mit meiner Mutter konnte ich mir zwar kaum vorstellen, wie diese Lerntechnik genau funktionieren sollte, aber immerhin war meine Neugier geweckt. Jetzt wollte ich einen Versuch wagen, ich wollte nicht mehr abwarten, nicht mehr grübeln, es sollte endlich etwas geschehen. Ich sprang ins kalte Wasser:

»Und jetzt schließe einfach mal die Augen und stell dir eine Wiese vor ...«

Ich gehe auf einer Wiese, die sich in alle Richtungen bis zum Horizont erstreckt. Sie ist nicht ganz eben, hier und da gibt es kleine Hügel, und in unregelmäßigen Abständen sind auch Bäume oder Büsche zu erkennen. Das Gras ist etwa knöchelhoch und vereinzelt sehe ich Blumen oder Kräuter zwischen den Grashalmen. Über mir fliegen zwitschernde Vögel durch die klare Luft, und ab und zu begegnet mir ein Schmetterling. Es scheint, als sei hier immer Frühling, und bis auf die Vögel und meine Schritte im Gras ist kein Geräusch zu hören. Es duftet nach Blumen und am Himmel sind nur kleine, weit entfernte Wolken zu erkennen. Ich möchte mich am liebsten ins Gras legen, den Vögeln lauschen und die Wolken auf ihrer Wanderschaft beobachten. Doch ich gehe weiter geradeaus, erklimme einen Hügel und lande schließlich auf einer Ebene.

Hier begegne ich meinem Freund und Helfer, den ich aus einem anderen Kontext bereits kenne: ein großer, beiger Grizzlybär. Er kann zwar nicht sprechen, wir verstehen uns aber trotzdem immer ohne Worte. Er ist um einiges größer als ich, hat ein wunderbar flauschiges Fell und steht mir in jeder erdenklichen Lebenslage zur Seite.

Mit seinen großen, braunen Augen scheint er mir immer direkt ins Herz schauen zu können – daher weiß er stets, was mir guttut oder wie er mir helfen kann. Jetzt scheint er sich zu freuen, dass ich den Weg hierher gefunden habe. Er läuft an meiner Seite weiter mit mir über die Ebene. In der Ferne kann man bereits ein kleines Häuschen erkennen ...

2.3 Das *Haus des Wissens* kennenlernen

Im nächsten Schritt betrachtet der Lernende sein *Haus des Wissens* näher, betritt es dann und schaut sich darin um. Auch hier ist es wichtig, dass Sie dem Tempo Ihres Gegenübers folgen. Sie können den Lernenden durch geduldiges Warten bei der Entstehung seiner eigenen Bilder unterstützen. Lassen Sie sich weiterhin genau beschreiben, was gerade passiert, und nehmen Sie die Rückmeldung wertschätzend entgegen.

Es ist immer wieder erstaunlich, wie vielfältig die Beschreibungen sein können. Lassen Sie sich überraschen, welch unterschiedliche Bilder in der Arbeit auftauchen können. Besonders bei jüngeren Kindern finden sich oft sehr abenteuerlich aussehende Gebäude. Von Häusern in Herzform bis zu riesigen Baumhäusern, fliegenden Hochhäusern oder Gebäuden auf dem Meeresgrund ist alles möglich. Es kann auch vorkommen, dass man z. B. zunächst in eine Höhle gehen muss, um anschließend in einem Hochhaus zu landen.

Wichtig ist es, jedes Gebäude wertschätzend zu kommentieren und genau so zu akzeptieren, wie es in diesem Moment ist. Geben Sie nur wiederholende und positive Rückmeldungen und bleiben Sie dabei wörtlich bei den Formulierungen, die der Lernende verwendet. Als Basis für eine erfolgreiche Zusammenarbeit ist es unerlässlich, dass Sie die mitgeteilten Bilder respektieren und sie durch Ihre Rückmeldung positiv verstärken. Außerdem intensivieren sich durch die Wiederholung zum einen Ihre eigenen Bilder von diesem Haus, und Sie tauchen tiefer in die Geschichte Ihres Gegenübers ein. Zum anderen werden Sie sofort korrigiert, wenn etwas anderes bei Ihnen angekommen ist, als gesendet wurde. Nur so fühlt sich der Lernende verstanden und ernst genommen.

Je weniger Sie von außen vorgeben, desto besser kann der Lernende sein eigenes Bild entwickeln. Diese Imaginationen entstehen im Gehirn des Menschen, der sie Ihnen gerade beschreibt. Sie symbolisieren, wie sein Wissen abgespeichert ist und in welchen Lernräumen er arbeitet. Somit passen sie ganz genau zu diesem einen Individuum, und es steht niemandem zu, ein Urteil über diese Wahrnehmungen zu fällen.

Im weiteren Verlauf kann es vorkommen, dass im *Haus des Wissens* andere Räume bzw. Wissensbereiche gefunden werden, die Ihnen zunächst fremd sind. Dabei kann es sich um Themen handeln, mit denen Sie sich bisher nie beschäftigt haben und über die Sie kaum etwas wissen. Das spielt jedoch keine Rolle für die Arbeit mit dem *Haus des Wissens*. Beispielsweise werden gerne Bereiche mit »Spiele Wissen« benannt, wobei häufig Inhalte aus Computer- oder Konsolenspielen gemeint sind. Auch wenn Sie sich selbst auf diesem Gebiet nicht auskennen, lassen sich Fähigkeiten wie strategisches Wissen, Taktik und Konzentration aus diesem Wissensbereich ggf. später unterstützend einsetzen. Näheres zu den Vorgehensweisen finden Sie auch im Kapitel 2.9 »Das Netzwerk«.

Praxis

Nachdem der Lernende an seinem *Haus des Wissens* angekommen ist, lasse ich es mir zunächst beschreiben. Ich lade dazu ein, einmal um das Haus herumzugehen und es von allen Seiten zu betrachten.

»Dies ist nun dein Haus des Wissens! Es ist ein Symbol für alles Wissen, das du bisher angesammelt hast. Hier kannst du nicht nur all das finden, was du in der Schule gelernt hast. Es steht auch für das gesamte Wissen, das du in anderen Bereichen deines Lebens abgespeichert hast. Du kannst sehr stolz darauf sein! Schaue es dir von allen Seiten an und beschreib mir bitte, was du alles wahrnimmst.«

Der erste Eindruck ist oftmals anders als erwartet. Ich notiere mir die Formulierungen, mit denen der Lernende sein Haus beschreibt, damit ich sie im weiteren Verlauf wörtlich wieder aufnehmen kann. Wie bereits erwähnt bilden positive Formulierungen im Sinne einer Wertschätzung eine wichtige Basis. Die folgenden Beispiele verdeutlichen dies:

LERNENDER: *»Mein Haus sieht ganz schön modern aus. Es ist ganz weiß und ist ohne Schnörkel.«*

S. F.: *»Dein Haus sieht also modern aus, ist weiß und hat keine Schnörkel.«*

LERNENDER: *»Das Haus sieht aber ganz schön klein aus und wirkt ein bisschen wie ein Hexenhaus. Na, da kann ja nicht viel drin sein!«*

S. F.: *»Dein Haus erscheint dir von außen klein und erinnert an ein Hexenhaus. Wie es von innen aussieht, weißt du noch nicht. Das kann ganz anders wirken.«*

Dieses Haus passt genau zu dem Menschen, der es eben entdeckt hat. Mir ist bewusst, dass der äußere Eindruck nichts mit dem Inhalt zu tun hat. Ein kleines Haus kann innen sehr groß wirken, und in einem Baum können unzählige Zimmer versteckt sein. Auch hier gilt: Alles ist möglich! Dort angekommen, bin auch ich neugierig, wie es in dem Haus aussieht.

»Ich lade dich nun ein, in dein Haus hineinzugehen. In diesem Haus ist all dein Wissen abgespeichert, das du schon angesammelt hast.

Schau dich erst einmal um, wie es in deinem Haus aussieht.«

Beim näheren Betrachten des Hausinneren gehe ich bei jüngeren Kindern etwas anders vor als bei Jugendlichen und Erwachsenen. Dies soll in den folgenden Abschnitten deutlich werden.

2.3.1 Jüngere Kinder

Bei jüngeren Kindern ist es sinnvoll, sich in dieser ersten Phase bei der Einrichtung des Hauses auf die Schulfächer zu konzentrieren. Bieten Sie dabei zunächst recht offene Formulierungen an. Sollte ein Kind erkennen lassen, dass es etwas mehr Vorgaben wünscht, so können Sie nach und nach konkretere Vorschläge machen.

Praxis

Nach dem Betreten des Hauses wähle ich zunächst offene Formulierungen:

»Es gibt verschiedene Räume – manchmal sind es auch nur Bereiche –, die für die einzelnen Schulfächer zuständig sind. Du kannst einen Raum finden, in dem alles abgespeichert ist, was du bisher in Mathe gemacht hast. Dann einen Raum, in dem die Deutschsachen sind usw.«

Jüngere Kinder fragen unter Umständen immer wieder nach, wie es denn in ihrem Haus aussehen »soll«. Obwohl kleinere Kinder sonst typischerweise sehr fantasievoll sind, erbitten sie hierbei permanent meine Unterstützung. Dann unterbreite ich klare Angebote und schaue, ob diese passender sind:

S. F.: *»Du kannst nun in deinem Haus des Wissens einen Raum finden, der für Mathe zuständig ist. In diesem Raum ist bereits all dein Wissen, das du in Mathe schon angesammelt hast.«*

LERNENDER: *»Und wo ist der Raum?«*

S. F.: *»Gehe einfach mal los und finde die Tür zu deinem Matheraum. Schau mal links oder rechts, wo sie zu finden ist. Meistens steht man plötzlich vor einer Tür und weiß genau: Das ist mein Matheraum.«*

LERNENDER: *»Ist das mein Matheraum?«*

S. F.: »*Wenn du es nicht genau weißt, dann mach die Tür einfach mal auf und schau hinein.*«

Dies ist etwas direktiver, lässt aber immer noch genug Spielraum für eigene Ideen. Für Erst- und Zweitklässler ist diese klare Vorgehensweise meist besser. Ich frage auch hier jeden Schritt genau ab, um sofort reagieren zu können, falls meine Angebote unpassend sind.

2.3.2 Ältere Kinder, Jugendliche und Erwachsene

Ältere Kinder, Jugendliche und Erwachsene haben bereits viele Wissensbereiche, die in diesem Haus berücksichtigt werden müssen. Es ist daher auch wichtig, das schulfremde Wissen einzubeziehen und die Angebote für die eigenen Bilder offener zu formulieren.

Manchmal kann es schwierig sein, eine klare Grenze zwischen reinem Schulwissen und anderen Wissensbereichen zu ziehen. Dies ist individuell verschieden und hängt sehr vom Lernenden ab. Lassen Sie sich auch hier von den individuellen Imaginationen des Lernenden leiten und fragen Sie im Zweifelsfall nach, ob ihm ein bestimmter Vorschlag stimmig erscheint. Im Verlauf der gemeinsamen Arbeit werden Sie immer besser ein Gefühl für Ihr Gegenüber und seine Bilder entwickeln.

Praxis

In diesem Fall beziehen sich die offenen Angebote zu Beginn nicht nur auf die unterschiedlichen Lernräume:

»*In deinem Haus des Wissens gibt es Bereiche, in denen dein ganzes Schulwissen zu finden ist. In anderen Bereichen ist dein Allgemeinwissen untergebracht. Dann gibt es natürlich auch deine Hobbys, zu denen du ebenfalls einiges abgespeichert hast. Orientiere dich zunächst, wie dein Haus des Wissens aufgebaut ist. Manchmal ist alles sehr ordentlich, bei anderen kann aber auch einiges durcheinandergehen.*«

Hier beziehe ich die Informationen ein, die ich im Vorgespräch von meinem Gegenüber erhalten habe. So kann es einen Musikbereich geben, in dem Noten aus dem Chor oder der Bigband ebenso zu finden sind wie das Wissen über Gesangstechniken. Ein anderer Lernender hat einen Sportbereich, in dem neben den eigenen praktischen Kenntnissen Fußballregeln und die Namen aller wichtigen Fußballstars abgespeichert sind.

Teilweise kann es bereits hier zu interessanten »Aha-Effekten« kommen:

- *»Oje, das ist aber dunkel in diesem Haus!«*
- *»Hier ist ja ein Chaos – da fliegt alles durcheinander!«*
- *»Mein Gott, sieht das steril aus – total ungemütlich!«*

Auch an dieser Stelle vermeide ich jegliche wertenden Kommentare wie »*Na dann musst du aber ordentlich aufräumen …*« oder »*Kein Wunder, dass du Probleme in der Schule hast*«. Ich wiederhole aber die Eindrücke, die der Lernende mir schildert. So kann ich sofort erkennen, wenn etwas bei mir anders angekommen ist, als es gemeint war.

- *»Dein Haus erscheint dir dunkel.«*
- *»In deinem Haus empfindest du es als chaotisch – alles fliegt durcheinander.«*
- *»Du nimmst dein Haus als steril und ungemütlich wahr.«*

Wenn meine Rückmeldungen den Lernenden zeigen, dass ich sie falsch verstanden habe, lasse ich mich gerne korrigieren.

Danielas Erfahrung: Mein Haus

In der Ferne kann man bereits ein kleines Häuschen erkennen …

»Dies ist nun dein Haus des Wissens! Es ist ein Symbol für alles Wissen, das du bisher angesammelt hast. Du kannst sehr stolz darauf sein! Schaue es dir von allen Seiten an und beschreib mir bitte, was du alles wahrnimmst …«

Mein Grizzlybär und ich nähern uns dem Haus, das am Ende der Ebene steht und im Hintergrund von weiteren, größeren Hügeln geschützt wird. Es ist ein altes Fachwerkhaus, die Balken sind taubenblau gestrichen und wirken allesamt ein wenig schief, was dem Haus einen ganz eigenen Charakter verleiht. Auch das Dach scheint etwas windschief, nur der Schornstein ragt gerade in die Höhe. Feiner Qualm steigt daraus auf und zeigt an, dass das Haus bewohnt ist.

Vor der Haustür gibt es drei Treppenstufen, die zu einem Absatz hinaufführen. Stufen und Geländer bestehen aus weiß gestrichenem Holz und auch hier zeigen sich erste Spuren der Verwitterung. Drei Viertel des Hauses sind von einem weißen Zaun umgeben, von dem an manchen Stellen schon die Farbe abbröckelt. Nur die Vorderseite wird nicht von dem Zaun eingefasst, sodass der Garten zur Ebene hin offen ist.

Insgesamt macht das Haus einen soliden Eindruck und scheint schon einiges erlebt zu haben. Durch den qualmenden Schornstein wirkt es gleichzeitig sehr einladend, und es fühlt sich fast so an, als hätte es auf uns gewartet.

Ich gehe die Stufen zur Haustür hinauf. Auch sie ist weiß gestrichen und an verschiedenen Stellen durch kleine Schnitzereien verziert. Ich öffne die Tür, und sie schwingt einladend nach innen.

Hinter der Tür betrete ich einen kleinen Flur. Er hat nur zwei Türen, eine links und eine geradeaus, die mich im Moment aber noch nicht so sehr interessieren.

Nach rechts dagegen führt eine Treppe in den ersten Stock. Auch sie ist aus Holz, genau wie die Verkleidung an der Wand im Treppenhaus. Die abgetretenen Stufen knarzen bei jedem Schritt.

Oben angekommen betrete ich einen großen Raum, von dem ein offener Flur sowie zwei weitere Türen abzweigen. Zur Treppe ist der Raum lediglich mit einem Holzgeländer abgegrenzt, und an den zwei Außenwänden befinden sich einige Fenster mit Holzsprossen. An der Decke sind die ebenfalls schon etwas schiefen Balken des Fachwerkhauses zu erkennen.

Durch die Fenster blicke ich auf die Wiese, auf der es sich mein Grizzlybär gemütlich gemacht hat. Sonnenstrahlen fallen in den Raum und malen rechteckige Muster auf den Boden.

Unter dem größten Fenster steht ein Schreibtisch, auf dem sich Zettel stapeln, aufgeschlagene Ordner türmen und Stifte kreuz und quer herumliegen. Er erinnert mich stark an den Schreibtisch in meinem Zimmer zu Hause. Daneben steht ein übervoller Papierkorb und an der Wand ein Regal, in dem sich ebenfalls Ordner, Bücher und Schnellhefter befinden. Der Schreibtischstuhl ist leer, und es macht den Eindruck, als wäre derjenige, der hier arbeitet, nur kurz aufgestanden und würde jeden Moment zurückkehren.

Von der Neugier getrieben möchte ich auch die anderen zwei Räume erkunden, die sich hinter den verschlossenen Türen verstecken. Ich wähle zuerst die Tür neben der Treppe. Es handelt sich um eine ganz gewöhnliche Zimmertür aus Holz. Als ich sie öffne, trifft mich jedoch fast der Schlag …

2.4 Die Lernräume gestalten

Nachdem man sich einen ersten Eindruck verschafft hat, kann es an die Gestaltung der Lernräume gehen. Dabei besteht das Ziel darin, ein individuelles System zu entwickeln, das für den Lernenden einfach und hilfreich ist. Hierbei unterscheidet sich das Vorgehen bei jüngeren Kindern wieder etwas von dem bei älteren oder erwachsenen Lernenden. Zudem möchte ich auf die Farbgebung gesondert eingehen, da diese das Lernen äußerst wirksam unterstützen kann.

Wie viel Zeit für das Einrichten der Lernräume notwendig ist, hängt natürlich vom Alter und Wissen sowie von der individuellen Herangehensweise des Lernenden ab. Ihr Ziel könnte sein, in der ersten Sitzung gemeinsam mit dem Lernenden das *Haus des Wissens* zu finden und kennenzulernen. Eventuell kann auch schon der erste Lernraum eingerichtet werden. Darüber hinaus kann das *Haus des Wissens* auch jederzeit eigenständig ausgebaut werden. Nehmen Sie also dem Lernenden vorab jegliches Gefühl von Zeitdruck, sodass er entspannt mit seinen eigenen inneren Bildern arbeiten kann.

2.4.1 Jüngere Kinder

Oftmals herrscht zu Beginn der Arbeit ein ziemliches Durcheinander im *Haus des Wissens*, und die Fächer sind nur mäßig voneinander abgegrenzt. Das Ziel der folgenden Gestaltung ist die sinnvolle Unterteilung der Wissensbereiche. Die meisten jüngeren Schüler bevorzugen dabei noch für jedes Fach einen eigenen Raum.

Praxis

Ich rege das Kind an, ein Fach auszuwählen, mit dem es beginnen möchte.

»Nun bitte ich dich, mit einem Fach zu beginnen. Wenn du zuerst den Matheraum gestalten möchtest, dann bitte ich dich, zunächst einmal nachzusehen, wo dein Mathewissen bisher gelagert wurde. Alles, was du bisher gelernt hast, ist irgendwo abgespeichert. Wenn dies ein bestimmter Raum ist, dann finde ihn bitte und gehe hinein.

Da können Bücher, Hefte oder Ordner sein, Karteikärtchen, Bilder oder was auch immer für dich passend ist.«

Wenn das Kind bereits einen separaten Raum für Mathe hat, so wird dieser nun für seine Zwecke positiv weiterentwickelt.

»Ich lade dich nun ein, deinen Matheraum einzurichten. Wenn es noch keinen Matheraum gibt, dann finde eine Tür, hinter der sich dieser Raum jetzt entwickeln kann. In diesen Raum kannst du nun all dein Mathewissen bringen und ab sofort hier abspeichern. Dies wird dein eigener neuer Matheraum.«

Da vorher in jedem Fall schon Wissen angesammelt wurde, muss es bereits einen Bereich oder Raum geben, der dies symbolisiert.

Die meisten jüngeren Schüler finden eine Art Klassenraum für jedes Fach. Sie verknüpfen ihr *Haus des Wissens* anscheinend sehr stark mit der Schule an sich. Daher sind die Räume oft nüchtern eingerichtet. Hier fehlen oft noch die Individualität und persönliche Akzente.

Nun gilt es, diesen Raum angenehm zu gestalten. Da es verschiedene Systeme gibt, nach denen ein Mensch sortiert, sollten die Angebote wieder offen formuliert werden. Kinder bis ca. zehn Jahre können manchmal wenig damit anfangen und wünschen sich gezielte Vorgaben, wie sie sortieren könnten.

Auch jetzt achte ich wieder besonders auf Hinweise, die den Lerntyp betreffen (visuell, auditiv oder eher verbal-abstrakt). Die Utilisierung dieser Beobachtungen erfolgt dann im Verlauf. In meinen Formulierungen passe ich mich, so gut es geht, dem Lernenden an. Wenn es sich um einen visuellen Typ handelt, lade ich eher dazu ein, Bilder zu entwickeln. Einen kinästhetischen Typ rege ich dazu an, in sein Haus auch Gegenstände zu integrieren, die Wissen »begreifbar« machen.

Zunächst wird also der erste Lernraum gestaltet:

»Du kannst diesen Raum nun genau so einrichten, wie es für dich passend ist.

Vielleicht brauchst du einen Schreibtisch, an dem du gut arbeiten kannst.

Deine Mathebücher, -ordner und -hefte sollen einen guten Platz in einem Regal oder Schrank finden.

Möchtest du eine Tafel oder Pinnwand aufhängen, auf der du die wichtigsten Dinge aufschreiben kannst?

Manchmal ist auch ein Monitor gut, auf dem du einen Film aus dem Unterricht laufen lassen kannst.

Oder möchtest du einen CD-Player nutzen, auf dem du noch einmal die Stimme deiner Lehrerin hörst, wie sie die neuen Matheregeln erklärt?

Vielleicht ist auch ein Würfel sinnvoll, den du anfassen kannst, wenn ihr dies gerade in der Schule durchgenommen habt.

Mit allem, was für dich hilfreich ist, kannst du diesen Raum einrichten.«

Ich lasse mir genau berichten, was das Kind in seinem Raum bevorzugt. Erstaunlicherweise verzichten die Kinder auch in der heutigen Zeit häufig auf technische Raffinessen und richten ihre Räume sehr praktisch und schlicht ein.

2.4.2 Farbgebung

Die Kopplung eines Fachs an eine Farbe auf unbewusster Ebene ist für die meisten Schüler sehr hilfreich. So bekommt jedes Schulfach eine eigene Farbe, die als *Anker* dient. Dies kann man beispielsweise durch einen gleichfarbigen Stift ergänzen, mit dem im imaginären Lernraum gearbeitet wird.

Diese Ankertechnik ermöglicht, im Alltag durch die Wahrnehmung der Farbe den dazugehörigen Raum in Erinnerung zu rufen. Diese Zusammengehörigkeit von Farbe und Raum soll im Fühlen, Denken und Handeln verankert werden, damit sie in einer Alltagssituation zur Verfügung steht. Hierdurch kann sie als Ressource genutzt werden. Weitere Ankertechniken beschreibe ich im Kapitel 2.11.2 »Anker setzen«.

Praxis

Ich lade das Kind ein, für das jeweilige Fach eine passende Farbe zu wählen.

»Der Matheraum soll nun eine eigene Farbe bekommen. Bitte einmal dein Unbewusstes, dem Raum genau die Farbe zu geben, die am besten zu Mathe passt.«

Die Kinder wissen in der Regel ganz genau, welche Farbe die Hauptfächer bekommen. Diese entspricht meist der Prägung in den ersten Schuljahren, die viele Lehrer bewusst oder unbewusst schon vorgenommen haben. Sollte es noch keine Zuordnung geben, so kann eine neue Farbe gefunden werden.

»Wenn es noch keine Farbe für dieses Fach gibt, so kannst du ihm jetzt eine geben. Schau einfach, welche Farbe spontan für deinen Matheraum auftaucht.«

Erwachsene fragen mich häufig, ob Kinder den Begriff »Unbewusstes« verstehen. Interessanterweise wollte noch nie ein Kind dieses Wort von mir erklärt bekommen. Ich gehe davon aus, dass sie automatisch verstehen, was damit gemeint ist. Zu Beginn unserer gemeinsamen Arbeit weise ich aber mehrfach darauf hin, dass die Kinder sofort nachfragen sollen, wenn etwas unverständlich ist. Davon machen sie auch gerne Gebrauch.

Ich warte, bis das Kind eine Farbe gefunden hat. Anschließend soll diese Farbe in dem Raum auch sichtbar werden.

»Ich lade dich nun ein, den Matheraum mit deiner neuen Farbe zu verschönern. Wenn du Blau gewählt hast, dann könnte zum Beispiel ein Regal oder eine Wand blau gestrichen werden. Vielleicht gibt es auch einen blauen Teppich oder blaue Ordner, manchmal sind es auch nur einzelne blaue Striche oder etwas ganz anderes.

Es ist dein Raum und du kannst ganz allein entscheiden.«

Gerade für die spätere Anwendung hat sich ein Stift, der im imaginären Lernraum installiert wird, als hilfreich erwiesen. Mit ihm kann der Lernende im zugehörigen Fach Lernstoff mitschreiben.

»Ich empfehle dir, einen blauen Stift auf deinen Schreibtisch zu legen, mit dem du ab sofort gedanklich in Mathe schreiben kannst.«

Dies wird für jedes Fach wiederholt, wobei die Gestaltung der einzelnen Räume fachspezifisch unterschiedlich sein kann. In Deutsch brauchen viele Schüler eine gemütliche Leseecke. Im Sachunterrichtsraum kann es auch praktische Dinge geben, die zum Lernstoff passen. Dort könnte ein Film vom Ausflug ins Museum laufen oder auch ein Korb mit Obst und Gemüse stehen, wenn dies gerade im Unterricht durchgenommen wurde.

2.4.3 Ältere Kinder, Jugendliche und Erwachsene

Ziel ist es auch hier, dass alles vorhandene Material in Fach- oder Themenbereiche untergliedert wird. Dabei verschwinden mit zunehmendem Alter die separaten Räume für eng umgrenztes Wissen. Es treten Netzwerke in den Vordergrund, die eher von Räumen mit verschiedenen Nischen für verschiedene Tätigkeiten und Situationen repräsentiert werden. Ab einem gewissen Alter können Schüler auch ein Studio oder ein Loft bevorzugen oder sogar die Präsenz in mehreren Räumen gleichzeitig.

Dies ist natürlich individuell sehr unterschiedlich. Je älter wir werden, desto mehr Wissensbereiche entstehen zwangsläufig. Oftmals finden sich im *Haus des Wissens* mehrere Etagen, welche diese Unterscheidung verdeutlichen. So kann zum Beispiel das Schulwissen im Erdgeschoss angesiedelt sein, das Allgemeinwissen im ersten Stock und Sport- und Theater- sowie Computerwissen im Freizeitbereich auf der zweiten Etage. Kommen dann Ausbildung oder Studium dazu, wächst das Haus automatisch. Auch wenn es oft von außen unverändert bleibt, können innen immer mehr Räume entstehen.

Wenn Oberstufenschüler oder Studierende ihren Schul- oder Universitätsbereich betrachten, handelt es sich häufig um einen großen Raum mit verschiedenen Fachbereichen. Auch hier gilt es, zunächst eine Bestandsaufnahme zu machen.

Anschließend arbeitet man im Grunde wie mit den jüngeren Schülern. Zur Verankerung wird erneut die Farbgebung eingesetzt.

Praxis

Zunächst richte ich die Wahrnehmung des Lernenden auf die verschiedenen Fächer:

»Wenn nun all dein Schulwissen in diesem großen Raum ist, so lade ich dich dazu ein, für die verschiedenen Fächer einzelne Räume oder Bereiche einzurichten. So kann ein Arbeitsplatz für Mathe, einer für Deutsch etc. entstehen. In jedem Bereich oder Raum sind alle Ordner und Hefte – oder was auch immer du angesammelt hast – zu finden. Richte dir für jedes Fach einen angemessenen Arbeitsplatz ein, an dem du gut arbeiten kannst.«

Hier mache ich ähnliche offene Angebote wie bei den jüngeren Schülern. Auch die jeweilige Farbgebung ist wichtig, um die einzelnen Fächer an eine Farbe zu koppeln. Einige Jugendliche empfinden ihren Raum sofort als angenehmer, wenn sie selbst erkennen, wo sie die jeweiligen Ordner und Hefte finden. Innerhalb kürzester Zeit entstehen im Haus Fachbereiche, in denen sich die Jugendlichen wohlfühlen.

Wichtig sind immer wieder meine positiven Rückmeldungen und Verstärkungen.

»In diesem Haus bist du alleine der Chef. Du kannst diesen Bereich ganz nach deinen Vorstellungen und Bedürfnissen umgestalten. Und mit jeder Verbesserung wird es dir in Zukunft schneller gelingen, dein Wissen dort abzuspeichern, wo du es auch rasch wiederfinden kannst.«

Gerade bei älteren Schülern oder Erwachsenen kommt es immer wieder vor, dass sie in einzelnen Fachbereichen ein Chaos vorfinden.

LERNENDER: *»In meinem Mathebereich ist nicht viel zu finden. Das kann nicht alles sein.«*

S. F.: *»Dann schau dich doch einmal in deinem Haus um, ob du vielleicht irgendwo noch Mathehefte, -ordner oder Sonstiges findest.«*

So finden sich manchmal Kartons, Hefte oder Zettel im Flur oder in anderen Ecken. Dies symbolisiert eine fehlende Struktur in diesem

Wissensbereich. Ich lasse den Lernenden dann eine für ihn passende Lösung finden.

»Dann sieh dich genau um, was du alles an Mathesachen im Haus finden kannst. Bring diese in deinen Mathebereich und sortiere sie so, wie es für dich passend ist. So kannst du eine neue Struktur entwickeln, die dir in Zukunft helfen kann.«

Danielas Erfahrung: Die Bibliothek

Als ich die Tür öffne, trifft mich jedoch fast der Schlag ... Ich stehe in einer riesigen Bibliothek – mit einer Decke, die so hoch ist, dass man sie nur erahnen kann. Die gegenüberliegende Wand besteht im oberen Teil aus trüben Fensterscheiben, die aussehen, als seien sie seit Jahrhunderten nicht von Staub und Spinnweben befreit worden. Vor mir erstrecken sich unendlich scheinende Gänge aus übervollen Regalen, und im hinteren Teil, unter den Fenstern, stehen Tische zum Arbeiten, die vereinzelt auch von jungen Menschen genutzt werden. Es herrscht eine angenehme Stille, die nur ab und zu durch ein Blätterrascheln oder ein Hüsteln unterbrochen wird.

Ich muss mich zwingen, ruhig weiterzuatmen und zu begreifen, dass das meine Bibliothek ist. Diese vielen abgegriffenen, schweren Bücher in den Regalen stellen mein persönliches Wissen dar! Und sie füllen eine Bibliothek, die eher nach Hogwarts passen würde als in ein windschiefes Fachwerkhaus.

Staunend wähle ich den nächstbesten Gang auf der Linken und streune zwischen Büchern umher. Manche Titel zeigen, dass hier grundlegendes Wissen bewahrt wird, z. B. »Fahrrad fahren« oder »Wie fängt man einen Ball?«. Bloß gut, dass es einen Ort gibt, an dem solche Dinge festgehalten werden!

Nachdem ich dem Gang bis zum Ende gefolgt bin, entdecke ich an der Stirnseite des Raumes eine ältere Dame mit auffälliger Brille und einer schrecklich strengen Hochsteckfrisur hinter einem monströsen Schreibtisch. Sie notiert akkurat Nummern und Titel des Bücherstapels, der sich neben ihr türmt. Als ich mich nähere, blickt sie kurz auf und schenkt mir ein überraschend freundliches Lächeln, bevor sie sich wieder ihrer Arbeit zuwendet. Anscheinend wundert sie sich gar nicht, dass ich hier bin. Links und rechts von ihrem Schreibtisch führen zwei imposante, elegant geschwungene Treppen aus dunklem Holz auf eine Galerie mit einem ebenso imposanten Geländer. Staunend steige ich hinauf. Und selbst diese Holztreppe erlaubt es sich nicht, die angenehme Stille durch ein Knarzen zu stören.

Auf der Galerie ist der Boden mit einem schweren Teppich belegt. Neben weiteren labyrinthartigen Gängen aus Bücherregalen finden sich hier auch einzelne Leseecken mit gemütlichen Sesseln und schummeriger Beleuchtung. Ich muss mich zwingen, mir nicht ein Buch aus dem Regal zu nehmen und mich in einen der Sessel fallen zu lassen. Ich kann es mir aber nicht verkneifen, ein paar Buchtitel zu überfliegen. Hier scheinen eher Erinnerungen und Erlebnisse abgelegt worden zu sein, es finden sich Urlaube mit Jahreszahlen oder Ausflüge aus der Kindheit, die eine besondere Bedeutung für mich haben.

Schweren Herzens verlasse ich die Galerie, gehe die Treppe nach unten und laufe zwischen den Büchern und den Arbeitsplätzen zurück zur Eingangstür. Dabei entdecke ich, dass dort nur weibliche Schülerinnen oder Studentinnen sitzen. Jede hat ein anderes Merkmal, wodurch man sie voneinander unterscheiden kann. Trotzdem haben sie alle eine auffällige Ähnlichkeit mit Hermine Granger. Ich muss lächeln und bin von meinen eigenen Bildern begeistert. Wer sollte denn auch sonst in einer Hogwarts-Bibliothek studieren, wenn nicht meine eigene Hermine?

Andächtig schließe ich die Tür zur Bibliothek hinter mir und stehe nun wieder in meinem bescheidenen Lernraum mit dem überfüllten Schreibtisch und der Treppe nach unten. Irgendwie kommen mir diese unterschiedlichen Größenverhältnisse der Räume seltsam vor, aber es scheint dennoch passend zu sein. Schließlich stellt der Lernstoff fürs Abitur nur einen Bruchteil dessen dar, was ich in achtzehn Jahren an Wissen angesammelt habe – all das Wissen, das mich vom Säugling unterscheidet, ordentlich sortiert in einer immensen Bibliothek. Und im Gegensatz dazu eben dieser scheinbar winzige Schreibtisch, den ich nun vor mir sehe.

Ich habe noch keinen Handschlag an ihm getan, und doch wirken die unordentlichen Stapel darauf gleich weniger bedrohlich. Ich habe eine gesamte Hogwarts-Bibliothek in meinem kleinen Fachwerkhaus, da werde ich ja wohl mit diesem einen Schreibtisch fertig werden!

In diesem Moment erschließt sich mir auch die Struktur meines Lernraumes: Am Schreibtisch sitzend habe ich einen Blick nach draußen, in die Ferne gerichtet. In meinem Rücken befindet sich dann die Tür zur Bibliothek mit all ihrem Wissen, auf das ich mich stützen kann und das mir niemand mehr nehmen kann. Doch auch die Treppe nach draußen ist in erreichbarer Nähe, ich kann also auch genauso leicht Abstand von allem gewinnen.

Ich schaue mich weiter in dem Raum um. Dort gibt es noch eine Tür rechts vom Schreibtisch. Außerdem erkenne ich einen Flur, der neben der Bibliothekstür beginnt und weiter in das Haus hineinführt. Diesen Flur ignoriere ich erst einmal. Irgendwie habe ich das Gefühl, dass er noch nicht wichtig für mich ist. Ganz im Gegensatz zu einer anderen Tür …

2.5 Helferwesen im *Haus des Wissens*

Dieser Abschnitt befasst sich mit dem Thema der inneren Helferwesen, die im *Haus des Wissens* eine besondere Rolle spielen. Sie erfahren, welche Bedeutung die Helferwesen im *Haus des Wissens* haben und welche Aufgaben sie erfüllen. Des Weiteren wird erläutert, wie man die Helfer den einzelnen Wissensbereichen zuordnen kann.

Helferwesen sind ein Symbol für die unbewussten Fähigkeiten, die jedem zur Verfügung stehen. Sie stehen für individuelle, innere Stärken, die jedoch häufig bewusst angezweifelt werden. Oft fehlt es an Selbstvertrauen und es fällt nicht leicht, sich auf ein vages Gefühl der inneren Stärke zu verlassen. In Form der Helfer bekommen diese Fähigkeiten allerdings ein Gesicht, sodass man direkt mit ihnen kommunizieren kann. So wächst automatisch das Vertrauen in die eigene Kompetenz. Ein hilfreicher Nebeneffekt ist bei vielen Lernenden, dass ihnen nach einer Eingewöhnungszeit die Kommunikation mit ihren Helferfiguren Spaß bereitet.

Wie bereits erwähnt, kann es ein übergeordnetes Helferwesen in Form eines inneren Krafttiers oder -wesens geben. Dieses kann außerdem die Rolle einer inneren *weisen Instanz/Weisheit* übernehmen. Welche individuelle Bedeutung das Tier oder Wesen bekommt, hängt allerdings vom Auftrag des Lernenden ab. Geht es zum Beispiel nur um reine Wissensvermittlung oder Prüfungsvorbereitung, kann man darauf oftmals ganz verzichten. Sobald aber Ängste und Unsicherheiten der Persönlichkeit ins Spiel kommen, können Sie diese Figur gerne zur Unterstützung nutzen (s. o.). Der Lernende entscheidet dann selbst im Verlauf, ob er dieses Wesen bei der Arbeit im *Haus des Wissens* einbeziehen möchte.

Im *Haus des Wissens* selbst können viele verschiedene Helferwesen gefunden werden. Dabei gilt es zunächst, für jedes Schulfach oder jeden Wissensbereich einen inneren *Experten* zu installieren. Er fungiert als Symbol für die eigenen Fähigkeiten in diesem speziellen Bereich und ist stets ansprechbar, wenn man einen Rat benötigt. Meist unterscheiden sich diese Helfer je nach Wissensbereich, nur selten gibt es einen Helfer für alles. Wichtig ist, dass der Lernende die für ihn beste Variante findet.

In den meisten Fällen erscheinen die Helferwesen von ganz alleine, sobald Sie den Lernenden dazu anregen. Es reicht häufig, wenn Sie ihm mitteilen, dass es solche inneren Experten gibt, und schon erscheint das entsprechende Wesen von alleine. Dabei kann es sich sowohl um Tierfiguren handeln als auch um Fabelwesen oder menschliche Gestalten. Gerade bei den ersten Helferwesen sollten Ihre Angebote breit gefächert sein, sodass der Fantasie keine Grenzen gesetzt sind.

Das Erscheinungsbild der Helferfiguren sagt dabei nichts über ihre Qualitäten aus. Es ist nicht entscheidend, ob es sich um Tiere handelt, die sich nur durch Gedankenübertragung ausdrücken können (wie z. B. ein Rudel identisch aussehender Erdmännchen), oder ob man es mit einem Wissenschaftler wie Albert Einstein zu tun hat. Wichtig ist, dass es für den Lernenden passend erscheint.

Wenn die Helfer sich nur mit Mühe finden lassen, weil sie zum Beispiel erschöpft im Aufenthaltsraum sitzen, so kann das einen ersten Widerstand darstellen. Gerade bei starkem Ehrgeiz und übertriebenem Lernverhalten kommt dies häufiger vor. In solchen Fällen kann es ratsam sein, mit den Helfern ins Gespräch zu kommen und zu erfragen, was sie brauchen, um wieder an ihre Arbeit gehen zu können (s. Kap. 3.2 »Widerstände und Lernblockaden«).

Allmählich entwickeln die Lernenden die Fähigkeit, mit ihren spezialisierten Helfern Kontakte zu anderen Fächern und deren Helfern zu pflegen, sodass eine Art Netzwerk entsteht (s. Kap. 2.9 »Das Netzwerk«). Ebenso lassen sich Pausenregelungen (s. Kap. 2.7 »Die Pausen«) und die Vorbereitung von Klausuren, Vorträgen etc. mit den Helfern erarbeiten (s. Kap. 2.11 »Prüfungsvorbereitung und Prüfungen«).

Durch die Kommunikation mit den inneren Helfern wird den Lernenden so ganz nebenbei die Arbeit mit ihren inneren Teilen vermittelt. Sie können hierfür sämtliche therapeutischen Möglichkeiten der Teilearbeit (Watkins 1993; Fritzsche u. Hartman 2014) nutzen. Die Helfer symbolisieren, wie eingangs erwähnt, die eigenen Fähigkeiten, die bereits im Lernenden vorhanden sind. Therapeutisch lässt sich dies in der Folge sehr leicht auf andere Lebensbereiche übertragen und somit nutzen.

Praxis

Nach dem Einrichten des Matheraums und der Verankerung mit einer Farbe kann der Lernende jetzt ein Helferwesen finden.

»Wenn du nun in deinem blauen Matheraum bist, so kann es hier ein oder mehrere Helferwesen geben. Dabei handelt es sich um innere Matheexper-

ten, die sich in deinen Räumen sehr gut auskennen. Dies können Tiere oder Fabelwesen sein, sie können auch menschlich aussehen oder ganz anders.

Lass dich überraschen, wer jetzt in deinem Matheraum erscheint.

Manchmal muss man aber auch im Haus des Wissens den Aufenthaltsraum der Helfer finden, um ihnen dort zu begegnen.«

Menschen, die im Leben des Schülers real existieren, sollte man als innere Helfer vermeiden, da es zu starken Übertragungen kommen kann. Daher bitte ich die Lernenden in diesem Fall, nach Alternativen zu suchen. Es ist verständlich, wenn eine Mutter, die Mathematiklehrerin ist, dem Kind zuerst als Helferin in den Sinn kommt. Schwierig wird diese symbolische Figur jedoch, sobald Mutter und Kind im Alltag Probleme miteinander haben. Albert Einstein oder auch Stephen Hawking beispielsweise sind dagegen abstrakt genug. Hier nehme ich mir ausreichend Zeit für Erklärungen, damit reale Menschen aus dem Umfeld durch andere Helferwesen ersetzt werden.

Anschließend erkläre ich den Lernenden, wie sie mit ihren Helfern kommunizieren können.

»Du kannst mit deinem Mathehelfer reden, dich durch Gedankenübertragung verständigen oder eine ganz eigene Möglichkeit finden, um mit ihm zu kommunizieren. Vielleicht brauchst du auch erst ein wenig Übung, um zu merken, wie ihr euch am besten austauschen könnt.«

Um eine gute Kommunikation mit den Helferwesen zu erlernen, gilt es zu ermitteln, auf welche Art und Weise sie den Lernenden am besten unterstützen können. Während ein Schüler zum Beispiel im Unterricht einer Lehrkraft folgt, kann das Helferwesen am imaginären Schreibtisch im Matheraum mitschreiben.

Helfer können ebenso für die genau passende Ordnung sorgen und bei Klassenarbeiten alles bereit legen, was gebraucht wird. Sie haben bei übergeordneten Themen auch Zugriff auf die eigene Bibliothek und können später Netzwerke mit anderen Teilbereichen pflegen (s. Kap. 2.6 »Das Lernen mit dem *Haus des Wissens*«, Kap. 2.9 »Das Netzwerk« und Kap. 2.11 »Prüfungsvorbereitung und Prüfungen«).

»Dein Mathehelfer wird demnächst noch andere Helfer kennenlernen, mit denen er zusammenarbeiten kann. Du kannst dich schon jetzt auf die Unterstützung deines inneren Teams freuen.«

Durch die praktische Übung lernt man sehr schnell, die Unterstützung der Helfer einzusetzen.

Das Potenzial der Helferfiguren wird besonders deutlich, wenn es um Verbesserungsvorschläge im *Haus des Wissens* geht. Kommen diese Anregungen von den eigenen inneren Anteilen, nehmen die Lernenden sie in der Regel sehr gut an. Meist geschieht dies, ohne dass sie die Anregungen nennenswert infrage stellen.

In unseren Sitzungen lasse ich daher immer wieder nachfragen, was noch verbessert werden kann.

»Ich bitte dich, deinen Mathehelfer einmal zu fragen, ob du deinen Raum jetzt so gut wie möglich eingerichtet hast. Vielleicht hat er auch eine Idee, was du noch tun kannst, um demnächst optimal arbeiten zu können.«

Gerade dieser Teil im *Haus des Wissens* wird von den meisten Kindern und Jugendlichen gern zu Hause eigenständig weiterentwickelt. Die Kommunikation mit den inneren Helfern macht ihnen oft sehr viel Spaß. Ich lade sie dazu ein, dies nach eigenem Ermessen zu intensivieren.

In meiner Wahrnehmung nutzen vor allem jüngere Kinder das Krafttier (s. Kap. 2.2.1, »Das innere Krafttier«) eigenständig zu Hause, um eine Art inneren Beistand zu haben. Ältere Kinder, Jugendliche und Erwachsene setzen sehr schnell alle Helferwesen ein, die ihnen besonders hilfreich erscheinen. So kann für den Lernenden tatsächlich das Gefühl entstehen, ein Team hinter sich zu haben, das ihn in seinem Vorhaben unterstützt. Die eigenen Fähigkeiten bekommen somit ein aussagekräftiges Gesicht. Dies schafft zunehmend Vertrauen, das nicht von außen vorgegeben werden kann und eine elementare Bedeutung hat.

Danielas Erfahrung: Helfende Hände

... Optisch unterscheidet sich diese Tür in keiner Weise von derjenigen, die zur Bibliothek führt. Ich öffne sie ganz vorsichtig und spüre sofort, dass hier etwas anders ist.

Dieser Raum scheint ebenfalls eine Art Bibliothek zu sein, allerdings ist er viel kleiner. Hier stehen deutlich weniger Regale an den Wänden, und es gibt auch kein Labyrinth, das man erkunden könnte. Im Gegensatz zum imposanten Eindruck der großen Bibliothek fühlt es sich hier schon fast kühl an. Außerdem erscheint es mir hier ungewöhnlich ruhig, und ich bin völlig allein in der kahlen Bibliothek.

Skeptisch trete ich an eins der Regale heran und betrachte die Buchrücken. Latein, Mathe, Deutsch, Erdkunde ... Ich scheine im Raum des Schulwissens gelandet zu sein! Kein Wunder, dass er mir emotional nicht ansatz-

weise so gut gefällt wie die große Bibliothek. Außerdem stehen die Bücher zwar ordentlich im Regal, das System erschließt sich mir aber erst auf den zweiten Blick: Die Bücher sind chronologisch geordnet – nach Schuljahren und nicht nach Fächern. Irgendwie ist das zwar logisch, schließlich habe ich in dieser Reihenfolge auch das Wissen angesammelt, aber um bestimmte Dinge wiederzufinden, erscheint es mir trotzdem unpassend.

Während ich noch grübelnd vor den Regalen stehe, höre ich von rechts ein Knarren, das immer lauter wird. Im selben Augenblick bewegt sich eins der Regale träge auf mich zu, um dann langsam zur Seite zu schwingen und den Blick auf einen Durchgang freizugeben. Darin steht, genüsslich kauend und mit einem angebissenen Keks in der Hand, ein junger Mann mit zerzausten, dunkelbraunen Haaren. Als er mich sieht, fängt er an zu grinsen: »Schön, dass du uns auch mal besuchen kommst!«, sagt er fröhlich, wobei einige Krümel aus seinem Mund zu Boden rieseln. Die Begrüßung ist so herzlich, dass ich unwillkürlich lächeln muss. Wie auf Kommando erscheinen weitere Köpfe in dem Durchgang, die mich lächelnd mustern.

Von der Situation völlig überrascht suche ich nach den richtigen Worten, doch die Frage steht mir offensichtlich ins Gesicht geschrieben, denn eine junge Frau meldet sich zu Wort: »Wir arbeiten in dieser Bibliothek. Das hier ist mein Bruder ...« Sie zeigt auf den jungen Mann neben ihr, der weiter grinsend auf seinem Keks kaut, »... und hier sitzen noch vier weitere Geschwister. Wir haben gerade Pause gemacht.« Als wolle er die Aussage seiner Schwester bestätigen, beißt der junge Mann ein weiteres Mal herzhaft in seinen Keks. Ich bringe kein Wort raus, merke aber gleichzeitig, dass es auch gar nicht nötig zu sein scheint. Die beiden drehen sich um und gehen zurück in den Raum hinter dem Regal. Ich folge ihnen einfach wortlos.

Offensichtlich handelt es sich hierbei um den Pausenraum der Helfer. Links befindet sich eine Küchenzeile, und in der Spüle stapeln sich dreckige Teller. In der Mitte des Raumes steht ein großer Esstisch, an dem die jungen Leute nun wieder Platz genommen haben – darauf liegt eine Packung Kekse, die schon zum größten Teil geleert wurde.

Hier sitzen also meine Helfer, die sich um die Schulbibliothek kümmern. Sechs junge Männer und Frauen, die miteinander albern und fröhlich sind. Trotzdem ist einigen von ihnen anzusehen, dass sie in letzter Zeit nicht genug Schlaf bekommen haben, und ich kriege ein schlechtes Gewissen. Schließlich habe ich sie alle immer wieder dazu aufgerufen, mehr und ausdauernder zu arbeiten, bis sie genauso müde geworden sind wie mein reales Ich und wir alle an unsere Grenzen gekommen sind. Wieder scheint hier jeder meine Gedanken lesen zu können, denn diesmal meldet sich eine andere junge Frau zu Wort: »Wir arbeiten gerne für dich. Wir mögen die

Arbeit hier und sind zufrieden, aber wir sind ganz schön fertig im Moment. Dabei sind es noch einige Monate bis zur Prüfung, und wir können jetzt schon nicht mehr so effizient arbeiten wie vorher.«

Ja, das habe ich gemerkt, denke ich geknickt und frage mich, wie man das wohl ändern kann. »Also, ich für meinen Teil würde gerne mal so richtig ausschlafen«, meldet sich ein junger Mann. »Außerdem ist die Kaffeemaschine kaputt, das macht es noch schwieriger.« Dann sollte man wohl schnell eine neue Kaffeemaschine besorgen. Und noch bevor ich den Gedanken so richtig fertigformuliert habe, erscheint auf der Küchenanrichte ein nagelneuer Kaffeevollautomat, der ein freudiges Summen von sich gibt, als hätte er nur auf den Moment gewartet. Staunend starre ich auf das Gerät und bin wieder einmal mit der Situation überfordert. Wo kam das denn jetzt auf einmal her? »Du bist die Chefin, du kannst hier alles so gestalten, wie du es willst. Wir können Kleinigkeiten verändern oder nach deinem Wunsch handeln und arbeiten, aber solche Dinge sind eben Chefsache.« Daran, dass hier jeder meine Gedanken lesen kann, muss ich mich erst einmal gewöhnen, stelle ich fest und ernte dafür ein verschmitztes Grinsen von den Anwesenden.

Was war denn noch mal der andere Wunsch gewesen? Ach ja: ausschlafen. Diesen Wunsch kann ich mindestens genauso gut nachvollziehen wie den nach frischem Kaffee. Ich bin also die Chefin. Dann kann ich doch bestimmt auch entscheiden, dass für heute Feierabend ist und wir uns eine lange Pause verdient haben.

»Super!«, freut sich der Mann mit den Keksen und pustet dabei einen weiteren Krümelregen über den Tisch. Die Erleichterung über den verfrühten Feierabend ist deutlich spürbar, als die ersten aufstehen, um ihre Sachen zusammenzupacken. »Ich bin noch fit und kann hierbleiben, um dir beim Aufräumen des Schreibtischs zu helfen. Das wolltest du doch als Nächstes machen, hab ich recht?«

2.6 Das Lernen mit dem *Haus des Wissens*

In diesem Kapitel werden Sie erfahren, wie der Lernende konkret mit seinem *Haus des Wissens* arbeiten kann. Es wird beispielhaft dargestellt, was genau dort passieren kann, während das Wissen strukturiert abgespeichert und wieder abgerufen wird. Außerdem möchte ich zeigen, wie Sie die Methode in den Alltag integrieren und wie sich daraus Automatismen entwickeln können.

Sobald der erste imaginäre Lernraum eingerichtet ist, kann die Arbeit im *Haus des Wissens* beginnen. Es kommt vor, dass gerade Erwachsene das Gefühl haben, erst das gesamte Haus einrichten zu müssen, um effektiv damit arbeiten zu können. Sie können den Lernenden darin bestärken, dass diese Bedenken unnötig sind. Vor allem jüngere Kinder machen sich darüber keine Gedanken und nutzen direkt nach den ersten Schritten eigenständig ihr *Haus des Wissens.*

In der ersten Sitzung hat sich der Lernende nun mit seinem Haus vertraut gemacht, einen Lernraum eingerichtet und erste Helferfiguren gefunden. Sie sollten in der zweiten Sitzung erfragen, inwieweit er in der Zwischenzeit mit diesen Imaginationen gearbeitet hat. Auch Jugendliche und Erwachsene gehen von Mal zu Mal intuitiver mit ihren Bildern um und verlieren nach den ersten positiven Erfahrungen ihre Scheu, selbstständig damit zu arbeiten. Sie lernen, sich auf ihre Imaginationen einzulassen und diesen zu vertrauen. Positive Verstärkung ist auch in diesem Kontext sehr wichtig und sollte den Lernenden dazu anregen, selbst mit seinem *Haus des Wissens* zu experimentieren.

Sie sollten dabei erfragen, ob während der Imaginationen Probleme aufgetreten sind oder ob etwas unklar geblieben ist. Danach wird in der gemeinsamen Arbeit der Weg zum *Haus des Wissens* wiederholt. Je nach Tempo des Lernenden kann dann der nächste Lernraum mit dem entsprechenden Helfer eingerichtet werden. Manchmal werden diese Schritte bereits zu Hause allein durchgeführt.

Wichtig ist, dass die Lernenden nun üben, mit ihren Bildern zu arbeiten und dieses Vorgehen in den Alltag zu integrieren. Das Ziel sollte sein, dass ein Schüler immer dann, wenn er Wissen aufnimmt, gleichzeitig auch in seinem entsprechenden imaginären Lernraum ist. Somit wird zum Beispiel sein Mathematikwissen zeitgleich in seinem blauen Raum abgespeichert. Dies gilt sowohl für die Zeiten in der Schule als auch für das Erledigen der Mathematikhausaufgaben am Nachmittag. Hier kann er zum einen auf sein neu Erlerntes vom Vormittag zurückgreifen, zum anderen auch die Erkenntnisse aus den Übungen gleich an der richtigen Stelle abspeichern.

Praxis

Ich lade also zunächst ganz allgemein dazu ein, die neuen Bilder vom *Haus des Wissens* im Alltag zu erproben.

»Nachdem du nun dein Haus des Wissens kennengelernt und den blauen Matheraum eingerichtet hast, kannst du anfangen, damit zu arbeiten. Immer, wenn du im Matheunterricht bist, betrittst du gleichzeitig in deinem

Haus den blauen Raum. So wird der Stoff, den du in der Schule aufnimmst, gleich in diesem Raum abgespeichert. Am Ende der Mathestunde verlässt du wieder automatisch den blauen Raum.

Wenn du zu Hause bei den Hausaufgaben deine Mathesachen auf den Tisch legst, betrittst du in Gedanken wieder den blauen Raum. Dort findest du dein gesamtes Wissen, das in diesem Raum abgespeichert wurde, wieder. Deine Übungen und Hausaufgaben kommen dann als neues Wissen dazu und landen gleich an der richtigen Stelle.«

Als erste Anregung reicht dies in der Regel aus. Ich bespreche ganz offen, dass die Arbeit mit dem *Haus des Wissens* zunächst spielerisch und ohne Zwang erfolgen soll – ein Ausprobieren.

Die ersten Reaktionen sind sehr unterschiedlich, was jedoch nicht aussagekräftig ist für den weiteren Verlauf. Mit der Übung kommen dann auch die Routine und ein größeres Vertrauen in die eigenen Bilder.

Anschließend geht es darum, Anker zu setzen. Diese sollen dem Lernenden erleichtern, an sein *Haus des Wissens* zu denken und es automatisch in den Alltag zu integrieren.

Danielas Erfahrung: Magische Verwandlung

Zusammen mit der jungen Frau, die mir Hilfe angeboten hat, verlasse ich den Pausenraum. Ist das gerade alles wirklich passiert? Wenn ich eine Kaffeemaschine herbeizaubern kann, was kann ich dann noch alles verändern? »Alles!«, sagt die junge Frau. »Das alles gehört dir, ist ein Teil von dir. Du hast alles schon so gestaltet, wie es jetzt ist, und du kannst es jederzeit weiter verändern. Eben genau so, wie du es haben willst.« Irgendwie macht mir diese Vorstellung eher Angst, als dass sie mich beruhigt. Es ist doch eigentlich alles ganz gut so, und die Leute hier scheinen sich besser auszukennen als ich selbst. Wie sollte ich denn jemandem wie der Bibliothekarin oder den Geschwistern sagen, was sie besser machen sollen? »Wir verwalten hier alles genau so, wie du es dir gewünscht hast oder wie es zu dir passt. Wir sind es gewohnt, auf deine Ideen einzugehen. Hab also keine Scheu. Aber fangen wir doch erst einmal mit etwas Kleinem an – dem Schreibtisch zum Beispiel.« Etwas Kleinem. Als ich in dieses Haus gekommen bin, erschien mir der Schreibtisch als mein größtes Problem. Also gut, fangen wir damit an. Aber wie? Meine Begleiterin setzt sich auf den Schreibtischstuhl und schaut mich mit erwartungsvollen Augen an. »Du gibst das Kommando, was du wie sortiert haben willst. Du kannst es selbst machen, du kannst mir aber auch sagen, was du gerne hättest, und ich setze es um. Wie gesagt, du bist die Chefin, tu einfach, was dir in den Sinn kommt und angemessen erscheint.«

Gut. Genau dafür bin ich ja auch ursprünglich hergekommen: um Struktur in die vielen Stapel zu bringen und sie in meinem Kopf zu sortieren. Jetzt bin ich quasi in meinem Kopf, also legen wir los.

Dieser Schreibtisch ist überlastet. Hier ist genügend Platz, also trennen wir die Fächer voneinander ... Durch Zauberhand erscheinen zwei weitere Schreibtische im Raum. »Soll ich die Fächer sortieren?« »Ja, ganz links auf den Schreibtisch kommt Mathe, dann Deutsch, ganz rechts Englisch«. Wieder habe ich den Satz nicht ganz zu Ende gesprochen, da fliegen Zettel und Ordner durch die Luft und verteilen sich auf die jeweiligen Schreibtische, allerdings noch ziemlich unordentlich. Wir brauchen Regale, Schubladen, irgendwas, wo man Sachen ablegen, aber auch schnell wiederfinden kann. Und leere Collegeblöcke, ordentliche Stifte, Textmarker etc. an jedem Arbeitsplatz.

Jedes einzelne Teil erscheint automatisch an dem für mich perfekten Platz, und so langsam fängt es an, mir richtig Spaß zu machen. »Sitze ich selbst an den Tischen, oder sitzt dort jemand von euch?«, frage ich meine neue Freundin, die sich noch keinen Millimeter gerührt hat. »Wie du das willst. Wir sind immer hier, können in der Bibliothek für dich recherchieren, hier aufräumen oder auch Notizen für dich machen.« »Also könntest du, wenn ich in der Schule sitze und etwas erzählt bekomme, das ich gerne festhalten möchte, es hier für mich aufschreiben und gleich am richtigen Platz abheften?« »Genau das.« Wahnsinn. Das gefällt mir! Also ist es entscheidend, dass meine Helferin den Überblick hat und ich dagegen festlege, was überhaupt aufgeschrieben werden soll und was nicht. Die Helferin nickt und begibt sich an jeden einzelnen Schreibtisch. Nein, sie stellt sich eigentlich nur davor, guckt jeden einzelnen Zettel einmal schief an und entscheidet dann, wo er hingehört – woraufhin dieser Zettel ein weiteres Mal durch die Luft fliegt, um seinen Platz in einem der Ordner, einer Schublade oder einer Ablage zu finden.

Jetzt sieht jeder der Schreibtische eigentlich gleich aus, sie befinden sich nur an unterschiedlichen Stellen. Eine Farbkodierung soll hier helfen, und ich übernehme einfach die Farben, die ich sowieso schon seit Jahren mit den jeweiligen Fächern verbinde. So werden Schreibtisch und Stuhl für Mathe in einem tiefen Blau gefärbt, der Arbeitsplatz für Deutsch wird rot und der für Englisch grün. Außerdem installiere ich über den Schreibtischen jeweils einen Spot, der immer nur den Schreibtisch beleuchtet, an dem gerade gearbeitet wird. So verschwinden die anderen beiden im wahrsten Sinne des Wortes im Schatten, und es besteht nicht die Gefahr, dass sich ein Zettel mal in einen falschen Ordner verirrt.

Staunend stehe ich vor diesen drei Arbeitsplätzen und kann kaum glauben, was ich da sehe. Es gibt keine Unordnung mehr, und egal, wer an einem dieser Schreibtische sitzt, er wird durch kein anderes Fach mehr abgelenkt. Diesmal ist es an mir, ein breites Grinsen in mein Gesicht zu zaubern. »Chefin zu sein macht Spaß, oder?«, fragt mich meine Helferin und fängt selbst an zu grinsen. »Und wie! Und jetzt sieh zu, dass du in deinen wohlverdienten Feierabend kommst!«, erwidere ich, und sie geht mit federnden Schritten die Treppe hinunter. Ich bleibe noch einen Moment und betrachte die Arbeitsplätze und die Verwandlung des Raums an sich. Er ist noch genauso gemütlich mit den Holzbalken und windschiefen Wänden, aber jetzt habe ich das Gefühl, dass ich hier richtig produktiv sein kann.

Mit diesem erhebenden Gefühl steige auch ich die Treppe hinab und lande wieder auf meiner Wiese vor dem Haus. Ich drehe mich noch einmal um und betrachte das schiefe Fachwerkhaus mit seinem rauchenden Schornstein. Dieser Einladung bin ich sehr gerne gefolgt und hätte nie gedacht, was mich in dem kleinen Häuschen erwartet. Ich freue mich schon auf den nächsten Besuch!

2.6.1 Typische Anker im Schulalltag

Exemplarisch möchte ich nun ein paar typische Anker im Schulalltag demonstrieren. Diese Technik lässt sich natürlich analog auf andere Bereiche, wie zum Beispiel den Studienalltag, übertragen.

Ziel des Ankersetzens ist zum einen, dass Kinder zu Beginn eines Schultags generell in ihr *Haus des Wissens* gehen und es mit Schulende wieder verlassen. Zum anderen sollte auch beim Erledigen der Hausaufgaben der Ein- und Ausstieg konditioniert werden.

Gerade bei Schulkindern im Alter von sechs bis ca. zehn Jahren ist es sinnvoll, die Unterstützung von Erwachsenen in deren Umfeld zu nutzen. So können Sie Eltern darum bitten, ihr Kind zu Hause unkompliziert an das *Haus des Wissens* zu erinnern. Sätze wie »Denk daran, in dein *Haus des Wissens* zu gehen« oder »Ich soll dich an dein *Haus des Wissens* erinnern« reichen in der Regel schon aus.

Außerdem ist es wichtig, dass Eltern ihren Kindern ermöglichen, einen eigenen Einstieg in die Arbeit mit dem *Haus des Wissens* zu finden. Aus dem Vorgespräch wissen sie bereits, dass ihr Kind eine Art »Mentaltraining« erlernt. Das bedarf zu Beginn einer gewissen Konzentration und möglicherweise bestimmter Rituale (s. Kap. 2.1.1 »Das Vorgespräch«). Möchte das Kind zum Einstieg beispielsweise den Kopf auf den Arm legen oder die Augen schließen, so sollten Eltern dies ohne abwertenden Kommentar oder gar Lachen geschehen lassen.

Schwieriger wird das Erinnern an die neue Technik in einer familienfernen Hausaufgabenbetreuung und im Unterricht. Hierbei spielt das *Ankersetzen* eine zentrale Rolle. Ziel ist es, dass der Lernende durch die Konditionierung auf einen bestimmten Reiz automatisch in seine Lernräume gelangt.

Als Anker können verschiedene Dinge des Alltags genutzt werden. Auch hier ist es wichtig, die schon erwähnten Wahrnehmungstypen zu berücksichtigen.

Beispielanker für das Eintreten in das *Haus des Wissens:*

- das Aussteigen aus dem Schulbus oder dem Auto (kinästhetisch und visuell)
- das Betreten des Schulgebäudes (kinästhetisch und visuell)
- die Schulglocke zu Schulbeginn und -ende (auditiv)

Beispielanker für das Betreten eines bestimmten Lernraums (z. B. Mathematik):

- die Schulglocke zu Beginn der Unterrichtsstunde (auditiv)
- das Hinsetzen auf den Stuhl (kinästhetisch)
- das Herausnehmen des Mathematikhefts aus dem Schulranzen (kinästhetisch und visuell)
- das Aufschlagen des Mathematikbuchs oder -hefts (kinästhetisch und visuell)
- das Erscheinen des Mathematiklehrers (visuell)
- die Stimme oder typische Sätze des Mathematiklehrers (auditiv)

Unterbreiten Sie dem Schüler verschiedene Angebote. Er entscheidet dann selbst, welcher Anker für ihn passend ist. Natürlich können auch mehrere Anker gleichzeitig zum Einsatz kommen.

Es kann durchaus ein paar Wochen dauern, bis hier ein Automatismus entsteht. Dies gilt vor allem dann, wenn jüngere Kinder ganz auf sich alleine gestellt sind. Bei anfangs wöchentlichen Sitzungsterminen kommt es allerdings recht schnell zu einer Konditionierung. So wird aus dem bewussten Betreten und Verlassen des Hauses nach einiger Zeit nur noch ein kurzes Hindenken. Je mehr Geduld sowohl Sie als auch die Lernenden dabei am Anfang haben, desto nachhaltiger ist der Erfolg im weiteren Verlauf.

Praxis

Zu Schulbeginn geht es darum, das Eintreten in das *Haus des Wissens* zu konditionieren:

- *»Und immer, wenn du aus dem Schulbus steigst, betrittst du automatisch dein Haus des Wissens.«*
- *»Und immer, wenn du das Schulgebäude betrittst, gehst du automatisch gleichzeitig in Gedanken in dein Haus des Wissens.«*

Das Ankersetzen für ein bestimmtes Fach erfolgt, nachdem der Lernende seinen entsprechenden Lernraum aufgesucht hat. Im Folgenden sei dies wieder am Beispiel des blauen Mathematikraums verdeutlicht:

- *»Und immer, wenn du in der Schule die Schulglocke hörst und der Matheunterricht beginnt, gehst du automatisch gleichzeitig in Gedanken in deinen blauen Raum« (auditiv).*
- *»Und immer, wenn du in der Schule den Mathelehrer Herrn B. mit seiner braunen Aktentasche im Klassenzimmer siehst, gehst du automatisch gleichzeitig in Gedanken in deinen blauen Raum« (visuell).*
- *»Und immer, wenn du in der Schule oder bei den Hausaufgaben dein Mathebuch oder dein Matheheft aufschlägst, gehst du automatisch gleichzeitig in Gedanken in deinen blauen Raum« (kinästhetisch/taktil).*

So lernen die Kinder mit der Zeit, zwischen den Unterrichtsstunden den Lernraum zu wechseln.

Als hilfreich hat sich dabei auch erwiesen, ein Bild vom *Haus des Wissens* mitzunehmen und beispielsweise ins Mäppchen zu legen. Ich laminiere dazu gerne Kopien der Zeichnung vom *Haus des Wissens* in der Größe einer Memory®-Karte (s. Anhang) und gebe sie den Kindern mit. Gerade den jüngeren und auch einigen etwas älteren Schülern (bis ca. zwölf Jahre) gefallen diese spezifischen Gedankenstützen.

2.6.2 Wissen speichern – individuell und typgerecht

In diesem Abschnitt soll es nun darum gehen, wie das vermittelte Wissen typgerecht abgespeichert werden kann. Hier kommen wieder die entsprechenden Wahrnehmungstypen zum Einsatz:

Viele Lehrer versuchen, gerade in den ersten Schuljahren, Lernstoff auf allen Wahrnehmungsebenen anzubieten. Die Kinder schreiben nicht nur, sie üben teils mit entsprechenden Bewegungen, malen, singen und lernen mit verschiedenen Gegenständen, die sie in die Hand nehmen können.

Mittlerweile sollten Sie herausgefunden haben, um welchen Wahrnehmungstypen es sich bei dem Lernenden handelt. Entsprechend können Sie nun gezielte Empfehlungen aussprechen, wie er das erlernte Wissen typgerecht abspeichern kann.

Visueller Typ: Hier stehen Bilder aus dem Unterricht oder einem Buch im Vordergrund. Diese können gedanklich fotografiert und im Lernraum aufgehängt werden. Interessante Darstellungen im Unterricht können im Lernraum als Film aufgezeichnet werden.

Akustischer Typ: Lernende dieses Wahrnehmungstyps hören den Lehrern lieber zu. Sie können im Lernraum ein imaginäres Tonaufnahmegerät laufen lassen. Zu Hause kann diese Aufnahme dann noch einmal abgespielt werden.

Taktiler/kinästhetischer Typ: In diesem Fall bleiben körperliche Aktivitäten und das Anfassen eines Gegenstands besonders gut in Erinnerung. Auch Bewegungen an sich stehen hier im Vordergrund. Zum einen kann der Lernende Gegenstände selbst mit in den entsprechenden Lernraum nehmen. Zum anderen können Sie ihn dazu anregen, das Gefühl abzuspeichern, das er bei einer bestimmten Bewegung hat. Diesen Wahrnehmungstyp im Schulunterricht zu bedienen fällt meist am schwersten.

Unabhängig vom Lerntyp gilt für alle Lernenden, dass die Wissensaufnahme effektiver ist, wenn sie an Emotionen gekoppelt wird. Daher ist es wichtig, für eine gute Atmosphäre im *Haus des Wissens* und einen freundschaftlichen Kontakt zu den Helferfiguren zu sorgen.

Mit der Zeit wird der Lernende merken, welche Strategie für ihn am passendsten ist. Ermutigen Sie ihn, anfangs zu experimentieren, um den geeigneten Weg zu finden. Hierbei können vor allem die Helferwesen nützlich sein. Sie symbolisieren die inneren Stärken und damit auch das unbewusste Wissen, welche Art des Lernens für diesen Menschen passend ist.

Am Ende einer Lerneinheit sollte das aufgenommene Wissen typgerecht im passenden Raum abgespeichert werden. Dies gelingt zum einen durch die bereits gesetzten Anker, zum anderen können auch Helferwesen aktiv daran mitwirken.

Praxis

Kombinieren Sie die erwähnten Techniken in der Praxis so, dass es für den Lernenden stimmig wird.

»Wenn du zu Hause lernst, so kannst du deine Helfer einmal fragen, welche Technik für dich am besten ist.

Wünscht sich dein Mathehelfer, dass du die neuen Gesetze noch einmal auf einen Zettel schreibst?

Möchte dein Deutschhelfer, dass du beim Lesen eines Textes auch mal herumläufst?

Empfiehlt dein Geschichtshelfer, dass du die Sätze deiner Lehrerin noch einmal mit eigenen Worten zusammenfasst?«

Die Helferwesen äußern in diesen Situationen meistens sehr klar, was ihnen bisher gefehlt hat. Ebenso unterbreiten sie eindeutige Vorschläge, wie das Abspeichern im Lernraum optimal umgesetzt werden kann. Eine Kombination aus Anker und Unterstützung durch die Helfer vertieft die Konditionierung:

»Und immer, wenn du dein Mathebuch zuklappst, erinnerst du dich noch einmal an die wichtigsten Bilder aus dem Unterricht. Welches Bild möchtest du gerne ganz genau abspeichern? Möchtest du vielleicht noch das Tafelbild in Gedanken abfotografieren?

Dein Mathehelfer kann das Foto in deinem blauen Raum an der passenden Stelle aufhängen. Und wenn du später wieder deinen blauen Raum betrittst, kannst du es dir noch einmal anschauen.«

2.6.3 Beispiel aus der Schule

Das folgende Beispiel aus der Schule soll die Techniken noch einmal verdeutlichen.

Es soll in der dritten Klasse der Zahlenraum bis 1000 veranschaulicht werden. Die Lehrerin schüttet eine große Menge Strohhalme auf den Boden des Klassenraums. Die Kinder sitzen im Kreis um diesen Haufen und sollen die Anzahl der Halme schätzen. Nachdem alle Päckchen geleert wurden, werden Schätzungen von 50 bis zu einer Million Halme in den Raum geworfen.

Nun werden Gummiringe verteilt, und alle Kinder beginnen, jeweils zehn Halme zusammenzubinden. Der entstehende Stapel dieser Bündel ist immer noch sehr groß. Dann werden wieder jeweils zehn dieser Bündel zusammengebunden. Die Kinder sehen und begreifen, dass solch ein Bündel nun 100 Halme enthält. Sie hören dazu die Worte: »Zehn dieser kleinen Päckchen ergeben 100 Halme.« Anschließend wird sichtbar, dass es genau zehn Hunderterpäckchen sind. Somit ergibt sich eine Gesamtzahl von 1000 Halmen. Diese werden anschließend noch an der Wand des Klassenraums in einer Reihe aufgehängt. Darunter stehen die jeweiligen Hunderter in Zahlen geschrieben: 100 – 200 – 300 – ... – 1000.

Diese Arbeit soll der Schüler nun in seinem blauen Matheraum abspeichern. Er wählt genau die Informationen, die für ihn am eindringlichsten sind: Ein inneres Foto von den Halmen, einen Film vom Bündeln der Halme, das Gefühl der Halme in den Händen, die gesprochenen Worte der Lehrerin und der Schüler ... alles ist möglich. So lernt er, das vermittelte Wissen seinem Typ entsprechend in seinem jeweiligen Lernraum abzuspeichern und es anschließend jederzeit wieder abrufen zu können. Ob er dazu geschriebene Worte oder Zahlen, ein Foto, ein Buch, einen Film oder etwas anderes wählt, bleibt ihm überlassen.

2.6.4 Schnelle Erkenntnisse

Durch die Arbeit mit dem *Haus des Wissens* und die Kommunikation mit den Helferwesen kann es zu schnellen Erkenntnissen kommen. Damit sind Imaginationen gemeint, die sehr eindrücklich verdeutlichen, was bisher schiefgelaufen ist. Probleme, die beispielsweise im Schulalltag unerklärlich erscheinen, erhalten hierbei durch die inneren Bilder eine rasche Aufklärung. In diesen Fällen verdeutlicht oftmals schon die erste Bestandsaufnahme eines Wissensbereichs das Problem des Lernenden.

Darüber hinaus ergeben sich aber auch scheinbar einfache Lösungen, die entscheidende Verbesserungen bewirken können. So erkennt der Lernende sehr schnell, wie er mit einfachen Maßnahmen sein Lernverhalten verbessern kann. Die anstehenden Veränderungen müssen nicht mühsam erarbeitet werden, sondern sind sofort offensichtlich. Dies wirkt auf den Lernenden einerseits kinderleicht, andererseits spürt er unmittelbar die Wirksamkeit dieser Veränderungen.

Praxis

Als Beispiel möchte ich von der 17-jährigen Gymnasiastin Clara berichten.

Im *Haus des Wissens* findet sie ihr Schulwissen in einem Raum, der in verschiedene Bereiche unterteilt ist. Das Mathewissen ist in einem Schrank in der Ecke versteckt.

S. F.: *»Ist die Tatsache, dass deine Mathesachen in diesem Schrank versteckt sind, wichtig?«*

Clara: *»Nein, das ist in Ordnung. Es ist, damit ich sie nicht sehen muss.«*

Dies stellt für Clara aber kein Problem dar. Es gibt in dem Raum noch eine Küchenzeile, die die Naturwissenschaften beherbergt. Dort liegt auf dem Tresen ein Hefter, der Claras Chemiewissen symbolisiert.

S. F.: *»Ist es wichtig, sich mit diesem Chemiehefter zu beschäftigen?«*

Clara: *»Ja. Ich versuche immer wieder, ihn aufzustellen, aber er rutscht sofort runter.«*

S. F.: *»Hat das eine Bedeutung?«*

Clara: *»Ja. Er ist zu dünn und kann deshalb nicht stehen.«*

S. F.: *»Ist es für dich wichtig, dass der Hefter auf der Theke steht?«*

Clara: *»Ja, das scheint wichtig zu sein.«*

S. F.: *»Was bräuchte er denn, um stehen zu können?«*

Clara: *»Er braucht einen festen Rahmen ... ein Gerüst. Es ist zu wenig drin in dem Hefter.«*

S. F.: *»Was wäre hier hilfreich? Kannst du ein Helferwesen einladen, das dich beraten kann?«*

Es kommt eine Helferfigur dazu. Ich lasse sie fragen:

S. F.: *»Gab es vielleicht einmal eine ähnliche Situation, in der eine gute Lösung gefunden wurde?«*

Die Helferfigur erinnert sich an Latein. Da war es genauso, und Clara brauchte Hilfe von außen. Dadurch konnte ein Gerüst für das Fach erarbeitet werden.

Clara wird sofort bewusst, dass sie in Chemie, so wie einst in Latein, Nachhilfeunterricht braucht, um das fehlende Wissen aufzubauen.

Als Nächstes betrachtet sie ihre geisteswissenschaftlichen und sprachlichen Fachbereiche. Dort stehen Ordner in Regalen. Sie sortiert diese nach Schulfächern und beschriftet sie in unterschiedlichen Farben. Clara berichtet, dass sie sich im Schulalltag oftmals Texte nicht dauerhaft merken kann. Sie seien dann einfach »weg«. Ich bitte sie, in diesem Raum sichtbar werden zu lassen, was in solchen Situationen im *Haus des Wissens* mit ihren Ordnern passiert.

S. F.: »*Nun bitte dein Unbewusstes, dir in diesem Raum zu zeigen, was hier passiert, wenn dein Erlerntes wieder vergessen wird und einfach weg ist.*«

In diesem Moment bekommt Clara eine Art Erlebnisfilm im *Haus des Wissens* gezeigt. Sie nimmt symbolisch wahr, was in ihrem Kopf passiert.

CLARA: »*Da fallen Blätter hinten aus den Ordnern. Sie rutschen langsam nach hinten, wenn ich mich lange nicht um dieses Thema gekümmert habe. Und irgendwann fallen sie dann hinten runter.*«

S. F.: »*Dann frag jetzt bitte mal dein Helferwesen, was du in Zukunft hier im Raum anders machen kannst, damit die Blätter nicht aus den Ordnern herausfallen.*«

CLARA: »*Ich muss sie immer wieder regelmäßig anschauen ... mich damit beschäftigen.*«

S. F.: »*Kannst du ein Signal einbauen lassen, das dir zeigt, wann du wieder einen Ordner in die Hand nehmen musst?*«

Clara erfährt dann, dass die Ordner zukünftig nach einer Weile eine graue Farbe annehmen, wenn der Inhalt allmählich in Vergessenheit gerät. Durch den Farbwechsel wird ihr signalisiert werden, wenn es Zeit ist, den Lernstoff dieses Ordners in der Realität mal wieder in die Hand zu nehmen. Weiterhin stellt sie alle Ordner auf ein rotierendes Regalkarussell, damit sie für sie besser sichtbar werden.

Auf diese Weise hat Clara in kürzester Zeit eine symbolische Deutung ihres Istzustands bekommen. Im gleichen Zug konnte sie jedoch auch Gegenmaßnahmen ergreifen.

Die Schülerin bestätigt mir im Nachgespräch, dass sie offensichtlich ein Lerntyp sei, der Texte mehrmals lesen muss, um sie dauerhaft abzuspeichern. Meine Empfehlung ist in diesem Fall, regelmäßig im *Haus des Wissens* nach der Farbe der Ordner zu schauen. So kann Clara in Zukunft rechtzeitig ihr Wissen auffrischen, damit es nicht in Vergessenheit gerät.

Danielas Erfahrung: Von der Idee zum Selbstläufer

Seitdem ich den Lernraum eingerichtet habe, besuche ich das Haus immer wieder, meistens alleine. Wenn ich Fragen habe, lasse ich mir von meiner Mutter Tipps geben. Außerdem macht sie mir allgemeine Vorschläge wie zum Beispiel, einen Automatismus einzurichten, der mich vor dem Lernen an mein *Haus des Wissens* erinnert. Die Gestaltung des Hauses und die Umsetzung der Ideen übernehme ich aber ganz alleine: meistens abends vor dem Schlafen, aber auch einfach mal so in den Lernpausen. Vor allem wende ich die Arbeit mit dem Haus ab dem ersten Tag konsequent an.

In der Schule sitze ich also im Unterricht und kann aufpassen und mitarbeiten, während mein Helfer am entsprechenden Schreibtisch sitzt und fleißig mitschreibt. Seine Geschwister wuseln um ihn herum und heften ab, was er mitgeschrieben hat, fassen es zu Ordnern oder Büchern zusammen und bringen alles an seinen festen Platz.

Ich denke nur jeweils zu Beginn der Schulstunde einmal kurz an meinen Helfer am Schreibtisch, danach geht alles automatisch seinen Gang. Natürlich fällt es mir am Anfang schwer, komplett darauf zu vertrauen, aber mit jedem Tag gewinne ich mehr Sicherheit und irgendwann, nach wenigen Wochen, reicht es, wenn ich nur noch einmal für wenige Sekunden daran denke.

Am Ende eines Schultages oder spätestens, wenn ich zu Hause am Schreibtisch sitze, begebe ich mich noch einmal ganz bewusst in mein *Haus des Wissens.*

Ich betrachte die Arbeitsplätze dort und entscheide, ob noch irgendetwas getan werden muss oder nicht. Ich sichte gemeinsam mit den Helfern die Zettel, die dort liegen, oder überlege, wie man sie sinnvoll abheften kann. Außerdem bespreche ich mit ihnen, welches Thema ich heute am besten noch einmal wiederholen sollte, ob etwas unklar geblieben ist oder wo die größten Lücken zu finden sind.

Gerade das ist am Anfang sehr gewöhnungsbedürftig, denn wenn eine kleine Lücke geschlossen ist, kann ich gleich zur nächsten übergehen. Das hat mitunter auch enorme thematische Sprünge zur Folge, aber ich weiß genau, dass ich meinem eigenen Plan folge, und kann mich deshalb gut darauf einlassen. Außerdem weiß ich am Ende, dass die Lücke nun sicher geschlossen ist, und kann beruhigt mit einem neuen Thema beginnen.

Ich übernehme die Struktur darüber hinaus auch für meine realen Lernmaterialien. Mathe wird nur noch im blauen Ordner abgeheftet, Deutsch im roten und Englisch im grünen Ordner. Ich suche mir Kugelschreiber aus, die zwar alle blau schreiben, aber außen blau, rot oder grün und damit gut voneinander zu unterscheiden sind. Mit diesen Stiften schreibe ich auch im Unterricht in den entsprechenden Fächern und nutze sie gleichzeitig als Gedankenstütze, um meinem Helfer zu signalisieren, dass es jetzt losgeht. Grüner Stift in die Hand heißt:

Helfer an den grünen Tisch, Spot an und volle Konzentration auf Englisch.

Natürlich ist es nicht so, dass ich ab diesem Zeitpunkt alles nur einmal hören muss und es sofort verinnerlicht habe. Ich weiß aber: Es ist irgendwo abgespeichert. Trotzdem muss ich in der Schule aufpassen und zuhören, Aufgaben selbst erledigen und genauso lernen wie alle anderen. Auch ich muss den Stoff üben und wiederholen, um ihn ganz präsent zu haben. Der entscheidende Unterschied ist aber, dass ich darauf vertraue, dass das Erlernte in meinem Haus gelandet ist. Und selbst, wenn ich mir nicht sicher bin, kann ich meine Helfer fragen, die es mir entweder bringen können oder aber mich darauf aufmerksam machen, dass ich in diesem speziellen Fall noch eine Lücke habe.

Umgekehrt ist es wiederum so, dass Dinge, die einmal ordentlich abgespeichert und schnell abrufbar sind, auch verlässlich abgespeichert bleiben – und zwar immer an derselben Stelle. Es fehlen also die Momente, in denen ich darüber nachdenken muss, ob ich etwas Bestimmtes eigentlich noch so genau weiß wie vor zwei Wochen. Ich kann einfach nachgucken und feststellen, dass es noch da ist. Irgendwann muss ich es dann nicht einmal mehr überprüfen, ich weiß es einfach und vertraue mir, meinen Helfern und meinem *Haus des Wissens.*

2.7 Die Pausen

Dieses Kapitel beschäftigt sich mit dem Thema der Lernpausen. Dabei soll es vor allem darum gehen, einen für den Lernenden individuell passenden Lernrhythmus zu finden. Hierzu dient ein Pausenmanager als Helfer, außerdem werden im *Haus des Wissens* spezielle Pausensignale vereinbart und ein persönlicher Pausen- oder Wohlfühlraum geschaffen.

2.7.1 Der Pausenmanager

Gerade für ältere Lernende ist es enorm wichtig, einen eigenen Lernrhythmus zu entwickeln und sich in gewissen Abständen eine Pause zu gönnen. Kommen die Lernpausen zu kurz, so wird dies meist auch vom Umfeld des Lernenden wahrgenommen. Lehrer und Eltern äußern häufig: »Du musst jetzt aber auch mal etwas anderes machen als zu lernen!« Ratschläge wie diese werden vor allem von ehrgeizigen Jugendlichen gerne ignoriert. Das liegt mitunter daran, dass auch die Eltern in ihrem eigenen Alltag leistungsorientiert denken. So kommen auch im System Familie Pausen oft zu kurz, oder die Eltern nehmen sich Arbeit mit nach Hause. Daher ist es nicht verwunderlich, dass ein solcher Satz zwar zur Kenntnis genommen wird, sich jedoch schlecht umsetzen lässt (Schulte-Markwort 2015).

Deshalb spielt der Pausenmanager im *Haus des Wissens* eine zentrale Rolle. Er symbolisiert als besondere Helferfigur die eigene innere Stimme, die sehr gut einschätzen kann, wann das Lernen ineffektiv wird. Da eine Empfehlung des imaginären Pausenmanagers von innen kommt, wird sie besser angenommen als ein gut gemeinter Ratschlag von außen. Mit zunehmender Übung gelingt es den Lernenden schließlich immer besser, ihrem Pausenmanager zu vertrauen und eine wohlverdiente Lernpause einzulegen.

Praxis

Zunächst wird der Pausenmanager als besondere Helferfigur eingeführt. Er steht außerdem in Kontakt mit den fachspezifischen Helfern.

»Ich lade dich nun dazu ein, deinen inneren Pausenmanager zu finden. Dies ist eine ganz besondere Helferfigur. Sie kennt alle deine Bedürfnisse wie Hunger, Müdigkeit und Erschöpfung. Sie weiß aber auch, wie intensiv du bisher gelernt hast, und kann von deinem Mathehelfer erfahren, wie viel Zeit noch zum Lernen gebraucht wird. So kannst du von deinem Pausenmanager zuverlässig erfahren, wann du eine Lernpause einlegen solltest.«

Wenn die Kinder noch in einem Alter sind, in dem die Eltern eine intensive Kontrolle über das Lern- und Pausenverhalten haben, kann das Pausenthema schnell zu Diskussionen führen. Meine Empfehlung, die Pausenverwaltung zunehmend dem Kind zu übergeben, ruft bei

> den Eltern oft die spontane Äußerung hervor: »Na, dann wird mein Kind ja nur noch Pausen machen.« Ich beruhige sie dann und empfehle, es einfach auszuprobieren. Gerade unsichere Eltern brauchen hierbei Unterstützung und informative Gespräche.

2.7.2 Die Pausensignale

Als Nächstes vereinbart der Lernende mit dem Pausenmanager ein Signal, das die Notwendigkeit einer Lernpause anzeigt. Lassen Sie ihn mit seinem Pausenmanager besprechen, welche Methode dafür passend erscheint.

Auch hier sind offene Angebote wichtig, z. B.:

- Pausenglocke läutet
- Lichtsignal in Form einer Ampel
- Licht im *Haus des Wissens* wird langsam gedimmt
- Pausenmusik ertönt
- und vieles mehr

> **Praxis**
>
> Der Lernende entscheidet selbst, welches Signal er auswählen möchte. Viele Varianten sind denkbar und können jederzeit modifiziert werden.
>
> *»Ich lade dich nun dazu ein, mit deinem Pausenmanager zu besprechen, wie du in Zukunft merken kannst, dass eine Pause nötig ist. Was passt am besten zu dir? Frag ihn, was sich im Haus des Wissens verändert, wenn du dein Lernen unterbrechen sollst: Soll im Matheraum das Licht heller oder dunkler werden? Möchtest du irgendein Tonsignal hören, das dich darauf aufmerksam macht?«*

2.7.3 Der Pausen- oder Wohlfühlraum

Es ist sehr wichtig, dass eine Lernpause auch tatsächlich als Erholungszeit genutzt wird. Dies gilt nicht nur für den Lernenden an seinem Schreibtisch, sondern auch für die Helferwesen im *Haus des Wissens.*

Daher sollte für das eigene imaginäre Ich, das im Haus unterwegs ist, ein Erholungsbereich eingerichtet werden. Dieser kann sich sowohl im Haus als auch außerhalb befinden. Laden Sie den Lernenden dazu ein, seinen individuellen Pausenraum oder -bereich zu finden. Es ist ein innerer Wohlfühlraum. Der Lernende darf diesen geschützten Rückzugsort ganz nach seinen eigenen Vorstellungen einrichten und ihn natürlich auch unabhängig vom Lernen aufsuchen.

Darüber hinaus sollen auch die Helferfiguren eine Art Aufenthaltsraum oder Pausenbereich bekommen. Hier können der Pausenmanager oder die Helfer selbst Vorschläge machen, wie dieser eingerichtet werden sollte.

Der Pausenmanager kann außerdem Tipps geben, wie der Lernende in der Realität seine lernfreie Phase gestalten sollte. Laden Sie dazu ein, den Helfer zu befragen, wie man eine Pause am besten nutzen sollte. Oft sind die Lernenden selbst von der Antwort überrascht, setzen die Ratschläge aber meist gewissenhaft um.

Ertönt oder erscheint nun in einer Lernphase das Pausensignal, so können die Helfer ihren Rückzugsort aufsuchen. Gleichzeitig begibt sich der Lernende im *Haus des Wissens* in seinen Wohlfühlbereich und gewinnt damit in diesem Moment auch innerlich eine Distanz zum Lernstoff.

Die längste und wichtigste Pause stellt der Nachtschlaf dar. Spätestens vor dem Einschlafen sollte im *Haus des Wissens* Ruhe einkehren. Die Helfer dürfen nach einem letzten Aufräumen ihrer Räume ebenfalls schlafen gehen. Ein schönes Ritual ist für viele Lernende das Ausschalten des Lichts im *Haus des Wissens*. So können sie sicher sein, dass auch ihre Helfer erholsam schlafen können und sich bis zum nächsten Morgen im Haus nichts verändert. Somit wird ein ruhiger Schlaf konditioniert und die Wichtigkeit dieser Pause vermittelt – vor allem auch in Bezug auf die Effektivität des Lernens (Wamsley et al. 2010; Clemens, Fabó a. Halász 2005).

Praxis

Nach der Einigung auf ein passendes Pausensignal wird ein Wohlfühl- oder Pausenbereich eingerichtet:

»Ich lade dich nun dazu ein, deinen Wohlfühlraum im Haus des Wissens zu finden. In diesem Raum kannst du dich in allen Lernpausen oder in deiner Freizeit erholen. Der Raum kann wie ein normales Zimmer aussehen, das du ganz nach deinen Bedürfnissen einrichten darfst. Es kann aber auch ein Platz im Freien sein, wenn dir das besser gefällt. Finde einen Ort, an dem du dich sofort wohlfühlst.

An diesem Ort bist du ganz sicher!

Hier bist du genau richtig – so, wie du bist!«

Es ist natürlich auch möglich, dass es sowohl einen Wohlfühlraum im Haus als auch einen Freizeitbereich draußen gibt. Im Sommer sind alle möglichen Erfrischungen mit Wasser sehr beliebt: vom Planschbecken bis zu einem Meer. Auch Ruheplätze wie eine Hängematte oder ein Sofa sind genauso gefragt wie Bolzplätze oder Achterbahnen. Auch hier setze ich der Fantasie keinerlei Grenzen – alles ist möglich (s. Kap. 2.10 »Was sich sonst noch findet«).

Wie dieser Wohlfühlraum ganz genau aussieht und eingerichtet ist, gehört zur Privatsphäre des Lernenden. Es ist immer wieder entscheidend, sämtliche Varianten ohne Wertung zu respektieren. Die Lernenden empfinden es in der Regel als sehr angenehm, die Erlaubnis zum Wohlfühlen zu bekommen. Das Aufsuchen dieses Raumes ist genauso wichtig wie das Lernen an sich.

Interessanterweise erlebe ich eher selten, dass auf dieser unbewussten Ebene elektronische Geräte als Pausenfüller ausgewählt werden. Da sich nachgewiesenermaßen Computerspiele u. Ä. in Lernpausen negativ auf unser Gehirn auswirken (Mößle, Kleimann u. Rehbein 2007), versuche ich an dieser Stelle, dem Kind einen besseren Weg aufzuzeigen. Das gelingt auch fast immer. Entscheidend ist hierbei, die negative Konditionierung des Pausenverhaltens zu vermeiden.

Das Aufsuchen des Wohlfühlraums sollte ebenfalls geübt und dadurch konditioniert werden. Ich erlebe immer wieder, dass auch schon jüngere Kinder freiwillig und spielerisch diese mentale Möglichkeit der Entspannung für sich entdecken.

»Du kannst nun jederzeit deinen Wohlfühlraum für dich nutzen. Wann immer du magst, kannst du dich hineindenken und dort entspannen. Hier kannst du dich wohlfühlen und ganz bei dir sein. Wenn du magst, kannst du auch in diesem Raum einschlafen und am Morgen ausgeruht wieder wach werden.«

Danielas Erfahrung: Pausen mit Zukunftsvision

Den Tipps meiner Mutter folgend begebe ich mich wieder in das Haus, um ein paar Neuerungen einzuführen.

Als ich die Treppe nach oben gehe, sehe ich in meinem Lernraum schon Helfer umherlaufen, die Bücher in die Schulbibliothek oder auch aus ihr hinaus tragen. Ich nehme mir einen von ihnen beiseite und berichte ihm, dass ich den Tipp bekommen habe, gemeinsam mit meinen Helfern eine Pausenregelung einzuführen. Dass es also irgendein Zeichen geben sollte, das die Helfer mir geben können, wenn sie eine Pause nötig haben. Oder dass ich im Zweifelsfall auch ihnen ein Zeichen geben kann, wenn es mir zu viel wird. Wir begeben uns alle gemeinsam in den Pausenraum der Helfer, um eine solche Regelung zu finden.

Ich erzähle ihnen, welche Möglichkeiten als Pausenzeichen zur Verfügung stehen. Da meldet sich einer der jungen Männer und sagt: »Gestern, als ihr schon in die Pause gegangen wart, da hab ich noch einen Ordner vom Matheschreibtisch wegsortiert. Aber als ich noch einen zweiten Ordner greifen wollte, fing das Licht an zu flackern und wurde immer schwächer. Da hab ich mir gedacht, was soll's, gehe ich halt auch in die Pause.«

Dieses Zeichen gefällt mir sehr gut, es ist nicht so aufdringlich und ultimativ wie zum Beispiel eine Glocke. Wir vereinbaren, dass wir uns gegenseitig Bescheid geben, wenn jemand von uns das Flackern wahrnimmt. So wissen wir alle, dass es an der Zeit ist, eine Pause einzulegen. Natürlich geht das nicht während einer Schulstunde. Aber beim Lernen zu Hause versprechen wir uns gegenseitig, die Zeichen ernst zu nehmen und auch wirklich eine Pause einzulegen.

Ich verabschiede mich von den Helfern und lasse sie in Ruhe ihre Auszeit genießen, während ich mich nach einem Pausenort für mich selbst umschaue. Ich möchte gerne an der frischen Luft sein, also gehe ich nach unten vor die Haustür und betrachte das Haus von außen. Rechts neben dem Haus beginnt eine Hecke, die aber nur einen kleinen Bereich abzuschirmen scheint. Es gibt keinen Durchgang durch diese Hecke und darüberschauen kann ich auch nicht. Meinem Instinkt folgend gehe ich einfach auf sie zu und im nächsten Moment befinde ich mich schon auf der anderen Seite.

Der Garten, der sich nun vor mir erstreckt, ist von dieser Hecke und den Hauswänden eingeschlossen. Es ist offensichtlich, dass hier niemand außer mir Zutritt hat. In der Mitte stehen zwei riesige Bäume, die sich sanft im Wind bewegen und mit ihren Blättern rascheln. Zwischen den Bäumen ist eine gemütliche Hängematte gespannt, die sich ebenfalls im Wind be-

wegt und so aussieht, als hinge sie hier das ganze Jahr und hätte schon so manches Unwetter mitbekommen. Der Rest des Gartens ist sehr bunt, unzählige Blumen wachsen an den unterschiedlichsten Stellen. An einer der Häuserwände steht eine Bank, daneben plätschert ein kleiner Springbrunnen vor sich hin. Neben dem üppigen Duft der Blumen nehme ich das Zwitschern vieler Vögel und dazwischen immer mal wieder das Brummen einer vorbeifliegenden Hummel wahr.

Begeistert lege ich mich in die Hängematte und lasse mich von ihr sanft hin und her schaukeln, während die Blätter der Bäume gemeinsam mit dem Vogelzwitschern ein Konzert ergeben, das eine beruhigende und entspannende Wirkung auf mich hat. Für einen Moment achte ich nur auf diese Geräusche und das sanfte Schaukeln der Matte. Hier kann ich alles andere um mich herum für eine Weile vergessen.

Je intensiver ich mich aufs Abitur vorbereite, desto wichtiger werden genau diese Pausen. Es entsteht eine Art Ritual, indem ich jeden Abend noch einmal das *Haus des Wissens* aufsuche, die letzten Dinge aufräume oder mich mit meinen Helfern bespreche. Meistens erledigen sie noch ein paar Dinge, während ich schon einschlafe und sie darauf hinweise, dass auch sie sich bald schlafen legen sollten. Oft verabreden wir uns sozusagen für den nächsten Tag in der Schule, sodass es über Nacht eine ganz klar definierte Auszeit gibt.

Dieses Vertrauen in das *Haus des Wissens*, meine Helfer und das Lernen mit diesem System wird von Woche zu Woche merklich größer. Es gibt auch Tage, an denen ich auf keinen grünen Zweig komme und nachmittags die Schulsachen gar nicht erst anfasse. An anderen Tagen wiederum sitze ich den gesamten Nachmittag und Abend am Schreibtisch und bin produktiv.

Irgendwann halte ich es aber auch aus, stundenlang nicht zu lernen, stattdessen in Gedanken in meiner Hängematte zu liegen und im realen Leben andere angenehme Dinge zu tun – eben immer so, wie es für mich gerade passend ist. Trotzdem wächst das Wissen in den einzelnen Fächern stetig weiter.

Die Lernzeit vor dem Abitur ist für mich noch von einem weiteren, entscheidenden Erlebnis gekennzeichnet. Mitten in der Vorbereitungszeit fürs Abitur besuche ich mit meinem besten Freund ein Konzert unseres Lieblingskünstlers Joja Wendt. Eines seiner neuen Lieder spricht mich sofort an. Er beschreibt darin einen Fluss, der sich immer bewegt und nicht stillstehen kann. Betrachtet man den Fluss, so sieht man ihn nie zweimal, denn das Wasser fließt und erneuert sich ständig. Er nennt es in Anlehnung an Heraklits Ausspruch »panta rhei« – alles fließt, alles ist in Bewegung. Während Joja spielt, sehe ich vor meinem inneren Auge die Abifeier in naher Zukunft. Das Bild kommt automatisch, ohne dass ich vorher darüber nachgedacht habe: meine Freunde und ich, alle schick herausgeputzt. Wir bekommen unsere Zeugnisse überreicht, und es ist klar, dass dies ein entscheidender Tag in unser aller Leben ist. Danach gehen wir getrennte Wege, verlassen den Schutz der Schule und stehen auf eigenen Beinen. Auf der einen Seite ist es schade, auf der anderen Seite ist es aber auch an der Zeit, sich auf eine neue Lebensphase einzulassen. Alles fließt, dieser Tag der Abifeier rückt unweigerlich immer näher, und es liegt an mir, die Tage bis dahin sinnvoll zu füllen und mein Bestmögliches zu geben. Das Ziel ist in greifbarer Nähe und alles, was ich jetzt nicht tue, wird bis dahin nicht mehr nachzuholen sein. Trotzdem ist kein Tag wie der andere, jede Minute ist neu und es wird gute wie auch schlechte Tage geben. Man darf also nicht aufgeben und sollte der nahen Zukunft mutig ins Auge schauen, denn auch danach fließt die Zeit weiter und lässt Raum für neue Lebensziele.

Mit diesen Gedanken gehe ich mit einem ganz neuen Gefühl aus dem Konzert – mit einem fokussierteren Blick in die Zukunft und auf diesen speziellen Tag der Abifeier. Ich kaufe mir die CD zum Konzert noch am selben Abend und benutze sie seitdem für kurze Lernpausen.

Immer, wenn ich an meinem Schreibtisch sitze und das Licht im *Haus des Wissens* zu flackern anfängt, gehe ich in Gedanken in meine Hängematte, während ich in der Realität in meinem Zimmer diese CD abspiele. Ich höre das Lied, tauche komplett darin ein und fühle mich zurückversetzt in dieses Konzert. Ich sehe wieder meine Freunde und mich auf der Abifeier und mache mir bewusst, wofür ich lerne. Dass es eine besondere Zeit ist, die ich momentan erleben darf, und dass es sich lohnt, nach dieser kurzen Pause wieder an meinen Schreibtisch zu gehen, die Hängematte zu verlassen und konzentriert weiterzuarbeiten. Ich sehe die Arbeit nicht mehr als Belastung, sondern als lohnendes Etappenziel in meinem Leben, das entscheidend sein wird für meine weitere Zukunft.

2.8 Die Planungstafel

Neben der Pausenregelung ist es natürlich ebenso notwendig, das Lernen an sich gut zu planen. Hierbei gibt es zwischen jüngeren Kindern, älteren Schülern und Erwachsenen Unterschiede im Vorgehen. Außerdem kann es sinnvoll sein, als spezielle Helferfigur einen Planungshelfer zu installieren.

2.8.1 Jüngere Kinder

Im Schulalltag der jüngeren Kinder stehen meist die Hausaufgaben im Vordergrund. Deshalb ist es ratsam, dass im *Haus des Wissens* eine Art Übersichtstafel installiert wird. Diese ist eine Ergänzung zum Hausaufgabenheft und zum Mitteilungsheft für die Eltern.

Neben den Hausaufgaben an sich kann es auch einen Platz für wichtige Mitteilungen geben. Diese Tafel fungiert somit als »schwarzes Brett«. Da sie möglicherweise nicht täglich beachtet wird, ist hier ein Signal sinnvoll, das ähnlich dem Pausensignal funktioniert.

Praxis

»Ich bitte dich nun, in deinem Haus des Wissens irgendwo einen Platz zu finden, an dem du eine Hausaufgabentafel aufhängen kannst. Sie sollte gut sichtbar an einer zentralen Stelle angebracht sein. Hier kannst du alle Aufgaben, die du machen musst, notieren, während du in der Schule die Hausaufgaben von der Tafel abschreibst.«

Auf dieser Planungstafel kann es auch Platz für Mitteilungen geben:

»Daneben könnte noch Platz für ›Wichtige Informationen‹ sein. Hier kannst du Dinge aufschreiben, die du dir merken möchtest, wie ›Morgen fällt die 6. Stunde aus‹ oder ›Am Mittwoch Gummistiefel mitbringen!‹. Wenn es für dich passend ist, kann an dieser Infotafel auch noch eine Lampe oder Ähnliches angebracht werden, die blinkt, sobald es eine wichtige Information gibt. Zu Hause erinnert dich diese Lampe dann daran, und du kannst die Infos weitergeben.«

In den ersten Schuljahren vergessen die Kinder häufig, ihre Hausaufgaben zu erledigen und wichtige Informationen an die Eltern weiterzugeben. Wenn es gelingt, den Kindern die Bedeutung dieser Tafel zu vermitteln, wird es ihnen wesentlich leichter fallen, sich besser zu organisieren.

Die Vereinbarung mit dieser Tafel kann lauten, dass das Aufgeschriebene automatisch von der Tafel verschwindet, wenn die Hausaufgaben erledigt oder die Informationen weitergegeben wurden.

2.8.2 Ältere Kinder, Jugendliche und Erwachsene

Bei älteren Schülern und Erwachsenen ist der Lernstoff meist deutlich umfangreicher. Die langfristige Planung des Lernablaufs rückt hier in den Vordergrund. Im Falle des Abiturs wird ein Schüler beispielsweise schon Monate vor der ersten Prüfung aktiv. Von Anfang an sollte ein sinnvoller *Lernplan* erstellt werden. Sie können dem Lernenden einige Hinweise geben, die er dabei berücksichtigen sollte:

- Planung über die gesamte Zeit bis zum letzten Prüfungstermin
- Zwischen-/Etappenziele
- Wochenplanung unter Berücksichtigung von Klausurterminen
- Freizeitplanung: Hobbys, Sport, Kinobesuche, soziale Kontakte etc.
- Tagespläne mit Schulstunden und Lerneinheiten zu Hause
- Lerndauer pro Einheit
- Pausenregelung

Die Auseinandersetzung mit diesem Plan kann einige Zeit in Anspruch nehmen. Zunächst ist interessant, wie die momentane Strategie des Lernenden aussieht und wie er die Zeit bis zur Prüfung geplant hat. Häufig schätzen sich sehr ehrgeizige Lernende bezüglich ihres Wissensstands zu schlecht ein. Andererseits denken die eher bequemen Schüler, dass sie schon einiges tun, und verstehen nicht, warum die Leistungen trotzdem schlecht sind. Die Selbstwahrnehmung kann diesbezüglich sehr unterschiedlich sein und von der Realität abweichen.

Praxis

Im ersten Schritt sollte daher eine Planungstafel erstellt werden. Anschließend kann der Planungshelfer in Erscheinung treten und dabei behilflich sein, den bisherigen Lernplan zu analysieren und einen neuen auszuarbeiten.

»Ich lade dich nun dazu ein, in deinem Haus des Wissens irgendwo eine Stelle zu finden, an der du eine Planungstafel aufhängen kannst.

Dies kann eine normale Tafel, eine Pinnwand, ein Monitor, ein Whiteboard oder etwas anderes sein, was auch immer zu dir passt.

Sie sollte gut sichtbar an einer zentralen Stelle angebracht sein. Hier kannst du deinen imaginären Lernplan veranschaulichen. Er sollte aus drei Teilen bestehen: Gesamtplanung, Wochen- und Tagesplan.«

Die Gestaltung der Planungstafel erfolgt dann gemeinsam mit dem Planungshelfer.

2.8.3 Der Planungshelfer

Diese Helferfigur wird genauso eingeführt wie bereits im Kapitel 2.5 »Helferwesen im *Haus des Wissens*« beschrieben. Im nächsten Schritt kann eine Bestandsaufnahme erfolgen. Oftmals sagt der Planungshelfer dann sehr deutlich, dass ihm die momentane Vorgehensweise nicht gefällt.

Dabei sollten Sie an dieser Stelle nicht zu viel Druck aufbauen. Gibt es große Diskrepanzen zwischen bewusster und unbewusster Planung, so kann es sich dabei um Widerstände handeln. Diese müssen gesondert behandelt werden (s. Kap. 3.2 »Widerstände und Lernblockaden«).

Weicht die Wahrnehmung des Lernenden nur mäßig von den Hinweisen des Planungshelfers ab, ist es wichtig, den Lernenden auf die Veränderung des Lernplans einzustimmen. Machen Sie ihm klar, dass es sich um eine Verbesserung handeln wird. Es sollte nicht das Gefühl entstehen, dass in der Vergangenheit das gesamte Lernverhalten schlecht gewesen sei, sondern dass bestehende Muster nun verbessert werden. Dies ist ein erfreulicher Schritt.

Praxis

Zunächst gilt es, den inneren Planungshelfer erscheinen zu lassen.

»Nun bitte dein Unbewusstes, dir zu zeigen, welcher innere Helfer für diese Planung zuständig ist. Es kann sein, dass eine neue Helferfigur erscheint. Manchmal kommt auch der Pausenmanager oder eine andere, schon bekannte Figur. Lass dich überraschen, wer dein innerer Experte für diese Planung sein wird.«

Es folgt die Bitte, das bisherige Lernverhalten zu analysieren. Im Anschluss steht die positive Verstärkung der Veränderung im Vordergrund.

»Wenn dir dein neuer Planungshelfer jetzt aufzeigt, was in der Vergangenheit alles ungünstig gelaufen ist, so kannst du dich nun auf Veränderungen freuen. Ohne einen solchen Helfer war es bisher auch verdammt schwer wahrzunehmen, was dir eigentlich guttut. Du konntest es ohne Unterstützung vermutlich kaum verbessern.«

Im weiteren Verlauf werden die Verbesserungsvorschläge konkretisiert:

»Ich bitte dich nun, deinen Planungshelfer zu fragen, welche Verbesserung deines Lernplans am wichtigsten ist. Bitte ihn, die erste Änderung vorzuschlagen, die du auch umsetzen kannst.«

Ein Schritt sollte auf den anderen folgen. Immer dann, wenn ein solcher Schritt auch umgesetzt wurde, kann der nächste aufgezeigt werden. Ich staune oftmals, welche Empfehlungen der Planungshelfer bereits im Anfangsstadium ausspricht:

- *»Ich soll beim Lernen andere Musik anmachen.«*
- *»Ich soll das Handy außerhalb des Zimmers deponieren.«*
- *»Ich soll mich an den Schreibtisch setzen.«*
- *»Ich soll mit etwas Einfachem beginnen.«*
- *»Ich soll sonntags nicht mehr lernen.«*
- *»Ich soll dienstags nach dem Sport noch mal an den Schreibtisch.«*

Bei den Ratschlägen des Planungshelfers handelt es sich nicht selten um Lebensweisheiten, die dem Lernenden in der Vergangenheit von Eltern oder Lehrern bereits angetragen wurden. Doch hier haben diese Hinweise einen ganz anderen Effekt, da sie von einem eigenen inneren Anteil kommen. Ich selbst vermeide es mittlerweile gänzlich, solche Ratschläge zu erteilen. Das Vertrauen in das Unbewusste des Lernenden steht für mich im Vordergrund, und ich werde in den seltensten Fällen enttäuscht. Man sollte nicht unterschätzen, welche Wirkung die Worte des eigenen Planungshelfers haben.

Nun geht es darum, die Umsetzung der Ratschläge zu unterstützen:

»Kannst du mit diesem Hinweis etwas anfangen?«

Darauf folgt in der Regel eine ehrliche Beschreibung der Störfaktoren im Alltag des Lernenden.

»Dann danke deinem Helfer für diesen wichtigen Hinweis. Vielleicht kannst du ihn bitten, dich ab morgen rechtzeitig darauf hinzuweisen, die Musik zu wechseln ... an den Schreibtisch zu gehen ... das Handy rauszubringen ... mit etwas Einfachem zu beginnen ...«

Ich begnüge mich an dieser Stelle mit einer Wiederholung des Gesagten. Es wäre kontraproduktiv, nun auch noch in diese Kerbe zu schlagen und die Maßregelungen auszuschmücken. Dem Lernenden steht unter Umständen ein schmerzlicher Prozess bevor. Im Zweifel zeige ich eher Mitgefühl und bestärke ihn, diesen aus- bzw. durchzuhalten und schrittweise zu beginnen.

Es ist wichtig, im Verlauf der gemeinsamen Arbeit die Umsetzung dieser Schritte immer wieder abzufragen. Das *Haus des Wissens* mit seinen Helfern ist keine starre Imagination, sondern entwickelt sich permanent weiter.

Daher notiere ich mir wichtige Punkte und frage immer wieder nach dem aktuellen Stand der Dinge. So kann ich einerseits die Entwicklungen im Haus mitverfolgen und andererseits mögliche Widerstände erkennen. Bei Bedarf kann man dann mit diesen in Kontakt treten (s. Kap. 3.2 »Widerstände und Lernblockaden«).

Danielas Erfahrung: Mit Bleistift und Zirkel

Diesmal begebe ich mich im Haus des Wissens auf die Suche nach meinem Planungshelfer. Zunächst gehe ich die Treppe hinauf und stehe im wahrsten Sinne des Wortes planlos in meinem Lernraum. Ich schaue mich hier noch einmal ganz bewusst um. Eigentlich ist alles gut so, wie es ist, und ich habe gar nicht den Impuls, etwas zu verändern. Nach einer Weile bleibt mein Blick an der Decke hängen. Gab es hier immer schon eine Luke zum Dachboden?

Ich finde einen Stab, mit dem sich die Dachluke öffnen lässt. Neugierig und gespannt klappe ich die darin eingebaute Treppe aus und klettere langsam nach oben.

Vor mir erstreckt sich ein großer sonnendurchfluteter Raum mit Dachschrägen, die fast bis zum Boden reichen und mit zahlreichen Fenstern versehen sind. An der Wand steht ein riesiger Schreibtisch, auf dem allerlei große Zettel und Pläne verstreut liegen. Auf einem Hocker davor sitzt ein Mann, der sich in diesem Moment zu mir umdreht. Seine Haare stehen völlig wirr vom Kopf ab, und er hat sich einen Bleistift hinter das rechte Ohr geklemmt. »Huch, das ist aber eine nette Überraschung. Ich hatte schon lange keinen Besuch mehr!« Der Mann grinst von einem Ohr zum anderen und kommt nun auf mich zu, um mir aufgeregt die Hand zu schütteln. »Willkommen in meinem kleinen Atelier. Komm, ich zeig dir mal, woran ich gerade arbeite.«

Ohne bisher auch nur ein Wort gesprochen zu haben, folge ich ihm zum Schreibtisch. Aus der Nähe wirkt er noch größer, und ich kann beim besten Willen kein System erkennen. Zielsicher greift sich mein neuer Freund mit den Fingerspitzen eine Ecke, die irgendwo aus diesem Chaos hervorlugt. Er zieht einen riesigen Plan heraus und breitet ihn vor uns aus.

Es ist eine Bleistiftzeichnung mit allerhand Linien und Kreisen, die für mich allerdings keinerlei Sinn ergeben. »Faszinierend, nicht wahr?« Ich nicke nur stumm. »Wie kann ich dir nun eigentlich behilflich sein?«

»Naja, eigentlich bin ich auf der Suche nach meinem Planungshelfer – also jemandem, der meine Lernpläne erstellen kann und ...« Währenddessen schaue ich noch einmal auf den Plan vor mir und auf den Herrn zu meiner Rechten. Na klar, hier liegen riesige Pläne!

Ich versuche, ihm kurz zu erklären, was die Aufgaben eines Planungshelfers sind. Am Ende meiner Ausführungen wirkt er etwas entmutigt. »Naja, das mache ich ja schon die ganze Zeit. Aber meistens sieht die Pläne niemand außer mir. Früher kamen immer mal ein paar Leute von unten vorbei, aber das ist schon lange nicht mehr passiert. Deshalb stapelt sich hier auch alles.«

Ich bekomme plötzlich ein schlechtes Gewissen. »Und wieso gehst du nicht nach unten und zeigst den anderen deine Pläne?«

»Von hier oben kann ich die Luke nicht öffnen, wenn sie von unten verschlossen wurde.«

»Wir brauchen dich sehr dringend dort unten, und es ist eine Schande, dass du hier so isoliert vor dich hin arbeitest und niemand deine Pläne zu Gesicht bekommt. Deshalb mache ich dir einen Vorschlag: Ich spreche mit den Helfern unten und sage ihnen, dass die Luke ab jetzt immer offen bleibt. Außerdem wird regelmäßig jemand hochkommen, um die Pläne mit dir zu besprechen. Und du hast trotzdem jederzeit die Möglichkeit, nach unten zu gehen, wenn dir danach ist. Lass dir mal den Pausenraum zeigen, der ist sehr gemütlich!«

Als ich wieder vor meinem Haus stehe, fühle ich mich sehr erleichtert. Die übrigen Helfer waren genauso schockiert wie ich, als ich ihnen erzählte, dass der Planungshelfer dort oben eingesperrt war. Sie haben versprochen, ab jetzt für eine gute Zusammenarbeit zu sorgen.

2.9 Das Netzwerk

Im Verlauf der Arbeit mit dem *Haus des Wissens* wird es immer wichtiger, die einzelnen Wissensbereiche miteinander zu verknüpfen. Ein

Netzwerk soll entstehen. Es stehen verschiedene Varianten zur Verfügung, die Sie altersentsprechend nutzen können. Darüber hinaus erfahren Sie, wie schulunabhängige Bereiche einbezogen werden können, und lernen den Ressourcenraum kennen.

Je älter die Schüler werden, desto wichtiger wird die Verknüpfung der einzelnen Fächer untereinander. So müssen sie in einer Mathematikarbeit einen Text formulieren oder bei einer langen Abhandlung in Geschichte auf ihre Deutschkenntnisse zurückgreifen. Auch für eine Englischklausur auf Oberstufenniveau braucht man geschichtliches Hintergrundwissen.

Noch deutlicher wird die Notwendigkeit der Verknüpfung unterschiedlicher Wissensbereiche, wenn ein Schüler eine Präsentation halten soll. Gerade für Jugendliche stellt dies oft eine große Herausforderung dar. In Zeiten, in denen die Kommunikation meist über Computer oder Smartphone abläuft, ist es umso schwieriger, angstfrei vor einer größeren Gruppe zu sprechen. Der Schüler braucht für diese Darbietungsform also nicht nur sein Fachwissen, sondern muss auch auf andere Kompetenzen zurückgreifen können. Außerdem wird er von seinen zuhörenden und zuschauenden Mitschülern auf mehreren Wahrnehmungsebenen gleichzeitig registriert. Dies erhöht die Anforderungen an den Vortragenden.

2.9.1 Das Netzwerk einrichten

Im *Haus des Wissens* sind inzwischen alle Lernräume oder -bereiche individuell eingerichtet. Es gibt fachspezifische Helferwesen sowie einen Pausenmanager und einen Planungshelfer.

Bei älteren Schülern steht das Netzwerk zwischen den einzelnen Lernräumen im Vordergrund. Durch eine Verbindung soll ermöglicht werden, dass man Wissen zwischen den einzelnen Bereichen austauschen kann. Außerdem sollte der Lernende zum Beispiel auf spezielles Wissen im Deutschraum zugreifen können, während er im Geschichtsraum seine Hausaufgaben erledigt.

Das Netzwerk kann alle erdenklichen Formen annehmen. Es können beispielsweise Helfer zwischen den einzelnen Räumen hin- und herlaufen. Eine Rohrpost ist genauso denkbar wie eine drahtlose Internetverbindung zwischen den Räumen oder ein Laufband, welches die einzelnen Bereiche miteinander verbindet. Machen Sie auch hier wieder offene Angebote und lassen Sie den Lernenden entscheiden, wie sein Netzwerk aussehen soll. Befinden sich verschiedene Fachbereiche von vornherein in einem Raum, so gestaltet sich die Verknüpfung entsprechend einfacher.

Sie sollten den Lernenden hierfür genug Zeit lassen. Manche neue Variante muss zunächst erprobt und eventuell nochmals nachgebessert werden. In anderen Fällen können Sie dadurch überrascht werden, dass ein Netzwerk einfach so funktioniert, ohne dass es für Sie greifbar ist.

Praxis

Ich formuliere eine offene Einladung, um dem Lernenden zu ermöglichen, dass er sein Netzwerk ganz individuell einrichten kann:

»Ich lade dich nun dazu ein, zwischen den einzelnen Lernbereichen ein Netzwerk zu entwickeln. Wie dieses Netzwerk bei dir aussieht, weiß ich nicht.

Es kann sein, dass deine Helfer die Informationen von einem Bereich in den anderen tragen. Akten könnten z. B. mit einer Art Rohrpost verschickt werden. Manchmal werden auch Leitungen gelegt, die eine elektronische Verbindung zwischen den einzelnen Arbeitsplätzen darstellen. Alles ist möglich! Du kannst gespannt sein, wie dein persönliches Netzwerk im Haus des Wissens aussehen wird.«

Die Entwicklung eines Netzwerks ist sehr individuell. Ich lasse die Lernenden zunächst wahrnehmen, was für sie passend ist.

»In Zukunft soll es in deinem Haus möglich sein, dass du auch auf das Wissen aus anderen Räumen jederzeit zugreifen kannst. Manchmal reicht ein Gedanke, in anderen Fällen musst du die Verbindung erst herstellen.«

In einigen Fällen ist es hilfreich, wenn das Netzwerk anhand eines konkreten Beispiels entwickelt wird.

»Ich lade dich nun dazu ein, deinen Englischraum mit dem Geschichtsraum zu verbinden. Wie kannst du in Zukunft deine Geschichtskenntnisse in Englischklausuren noch besser nutzen? Wie soll das Geschichtswissen am schnellsten zur Verfügung gestellt werden?«

Die Ideen der Lernenden sind zum Teil eher auf die Helfer ausgerichtet oder auf räumliche Veränderungen:

- *»Meine Geschichtshelfer tragen ganz schnell alles in den Englischraum.«*
- *»Mein Helfer kennt sowieso alle Bereiche und kann mir genau das holen, was ich brauche.«*

- *»Ich reiße die Wand zwischen den Räumen ein und habe dadurch Zugriff auf den Englischbereich und Geschichte gleichzeitig.«*
- *»Ich mache eine Online-Schaltung vom Englischraum in den Geschichtsraum und kann dort alles einsehen, was nötig ist.«*

Bei vielen älteren Schülern befinden sich ohnehin mehrere Wissensbereiche in einem gemeinsamen Raum. In diesen Fällen erscheint es leichter, eine Verbindung herzustellen. Sobald aber auch Kompetenzbereiche außerhalb des Fachwissens – wie Sport oder andere Hobbys – hinzugezogen werden, müssen auch hier verschiedene Räume miteinander verbunden werden.

2.9.2 Ein zentraler Arbeitsplatz: Der »Allesraum«

Jüngere Schüler hingegen favorisieren oft einen zentralen Arbeitsplatz oder einen neuen Raum, um alle notwendigen Informationen zu sammeln. Es fällt ihnen schwerer, eine direkte Verbindung zwischen den einzelnen fachspezifischen Räumen einzurichten. Im Laufe der Zeit beginnen aber auch sie damit, Wände einzureißen und Schulfächer zusammenzuführen.

Zu Beginn kann es sehr hilfreich sein, einen zentralen Raum einzurichten. Ein neunjähriges Mädchen hat ihm einmal spontan den Namen »Allesraum« gegeben. Schüler können sich unter diesem Begriff meist sofort etwas Passendes vorstellen. Auch hier können Helferfiguren dafür sorgen, dass Unterlagen aus den einzelnen Lernräumen in den Allesraum gelangen. Manche Schüler bevorzugen einen Monitor oder eine Leinwand, um Bilder und Videos aus den anderen Bereichen zu übertragen.

Der Allesraum stellt folglich einen zentralen Ort des Netzwerks dar. Hier werden alle Informationen geordnet und zusammengetragen.

Praxis

Die jüngeren Schüler werden eingeladen, diesen neuen Teil des Netzwerks zu entwickeln.

»Es kann auch einen neuen zentralen Arbeitsplatz geben, an dem alle Informationen zusammenfließen. Vielleicht gibt es einen eigenen Raum dafür, mit einem eigenen Arbeitsplatz, an dem du immer sehen kannst, was in deinen Lernräumen passiert. Oder du bittest deine Helfer darum, dir die wichtigen Informationen in deinen Allesraum zu bringen, wenn du

sie brauchst. Alles ist möglich! Du kannst deine Helfer auch fragen, was sie dir empfehlen möchten …«

Auch hier mache ich immer wieder darauf aufmerksam, dass es sich nicht um ein starres System handelt, sondern dass dieses jederzeit weiterentwickelt werden kann.

»Dieses Netzwerk ist jederzeit weiter ausbaufähig. Lass dich überraschen, was daraus noch alles werden kann.«

Im weiteren Verlauf sollte man schulunabhängige Bereiche in das Netzwerk integrieren, um eine Verknüpfung zwischen reinem Schulwissen und anderen Fähigkeiten und Stärken zu erreichen.

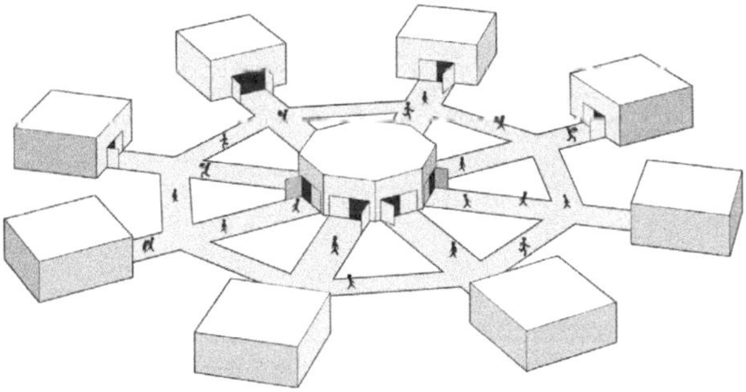

2.9.3 Schulunabhängige Bereiche einbeziehen

In der Regel können auch positive Erfahrungen aus dem außerschulischen Bereich nützlich sein und verwendet werden. Laden Sie den Lernenden dazu ein, eine Verbindung zwischen den außerschulischen Fähigkeiten und dem Schulwissen herzustellen. Lassen Sie sich überraschen, auf welche Art das Netzwerk erweitert wird. Dabei kann das Spielen eines Musikinstruments genauso hilfreich sein wie Theatererfahrungen, Computerspiele oder der Umgang mit Tieren. Diese Bereiche lassen sich ebenso ausbauen und mit Helfern ausstatten wie der Rest vom *Haus des Wissens* (s. Kap. 2.10 »Was sich sonst noch findet«).

Gerade vor Klausuren oder anderen Prüfungen kann sich dieses Netzwerk als sehr hilfreich erweisen. Häufig reicht es aus, wenn am Abend vor der Klausur sämtliche Helfer aus allen Wissensbereichen dazu eingeladen werden, entsprechend parat zu stehen (s. Kap. 2.11 »Prüfungsvorbereitung und Prüfungen«).

Praxis

Das Netzwerk wird also um die individuellen außerschulischen Wissensbereiche des Lernenden erweitert:

»Du kannst das Netzwerk auf die anderen Bereiche deines Hauses ausdehnen. Alles, was du bereits gelernt hast, kannst du nutzen. Wenn du für deine Präsentation übst, kannst du ebenso dein Wissen aus dem Theaterbereich einfließen lassen. Auch deine Helfer stehen dir jederzeit zur Verfügung.«

Sollte der Lernende sehr gute Fähigkeiten im Bereich elektronischer Spiele besitzen, kann dies utilisiert werden:

»Du kannst ebenfalls eine Verbindung aus deinem Computerspielraum zu deinem zentralen Arbeitsplatz herstellen. Über diese Verbindung kannst du deine Fähigkeit, ...

- *... dich lange auf eine Sache zu konzentrieren ...*
- *... strategisch vorzugehen ...*
- *... sehr gut im Team mit anderen zu arbeiten ...*

... einfließen lassen.«

Nachdem die Verbindungen eingerichtet worden sind, rege ich wieder dazu an, die Funktionalität im Alltag zu erproben. Das Netzwerk kann sich dann bewähren oder darf in der Zukunft noch verbessert werden.

2.9.4 Der Ressourcenraum

Der Ressourcenraum stellt einen besonderen Teil vom *Haus des Wissens* dar. Es handelt sich um einen Raum, der die inneren Stärken und Talente der Lernenden symbolisiert. Durch das Bewusstmachen dieser positiven Dinge kommt es durchaus zu einer Stärkung des Selbstbewusstseins.

Dieser Bereich gewinnt noch einmal an Bedeutung, wenn man sich bewusst macht, dass sich viele Kinder gerade im Zusammenhang mit Schule und Lernen heute als überfordert wahrnehmen. Eine deutsche Studie aus dem Jahre 2010 an 1260 Schülern im Alter zwischen 14 und 20 Jahren zeigt, dass sich 45 % der Kinder in der Schule überfordert fühlen, 22,5 % fühlen sich überlastet und 20,4 % leiden unter chronischem Stress (Milde-Busch et al. 2010). Die Konzentration von Schülern und Eltern ist hauptsächlich auf Probleme und Defizite gerichtet. Die Erwartungshaltung ist oftmals sehr hoch, und das Kind fühlt sich unfähig. Aus dieser negativen Grundhaltung heraus – mit dem Gefühl »Ich kann das ja doch nicht!« – lässt es sich sehr schlecht lernen.

Wenn man einen Ressourcenraum oder »Raum der inneren Stärken« einrichtet, in dem eigene positive Eigenschaften bildhaft sichtbar werden, kann dies bereits zu einer Entlastung führen. Auch hier kann eine Helferfigur oder eine spezielle Ressourcenfarbe gefunden werden.

Praxis

»Ich lade dich nun dazu ein, deinen Raum der inneren Stärken zu finden. Das ist ein Raum, in dem all deine Fähigkeiten und Talente abgespeichert sind. Dort findest du das Wissen darüber, was noch alles in dir steckt.«

Dieser Raum kann leicht zu finden oder auch gut versteckt sein. Er hat meist mit dem eigentlichen Schulwissen wenig zu tun.

Hier ist es wieder sinnvoll, die verschiedenen Wahrnehmungstypen in die Vorschläge einzubeziehen:

»Nun schau dich genau in diesem Raum um. Hier sind all deine Stärken in irgendeiner Form abgespeichert. Vielleicht gibt es Ordner oder Fotoalben, in denen du blättern kannst ... vielleicht sind da auch Videofilme mit Szenen, die dir zeigen, was du kannst ... wie auch immer deine tollen Fähigkeiten sichtbar werden – du kannst sie hier finden ... manchmal ist es auch die Art, wie du Freunden hilfst ... oder wie toll du anderen zuhören kannst ... lass dir Zeit zu erkennen, was hier alles zu finden ist.«

In manchen Situationen können die Ressourcen als Symbole in Form von Diamanten oder nur durch ein Gefühl ausgedrückt werden. Der Lernende entscheidet wieder selbst, was für ihn passend ist, und ob er die Bedeutung hinter den Symbolen kennen möchte. Oft reicht es jedoch aus zu wissen, dass es diese Ressourcen gibt, und jederzeit darauf zugreifen zu können.

»Wenn du einen Experten für diesen Raum hast, dann lade ihn dazu ein, jetzt sichtbar zu werden ... Diese Helferfigur weiß ganz genau, was du alles kannst und was du an hilfreichen Erfahrungen gesammelt hast ...«

Auch in diesem Raum lasse ich den Lernenden eine ganz eigene Farbe finden. Sie stellt die individuelle Farbe für die inneren Stärken und Fähigkeiten dar und wird oft als sehr kraftvoll und wohltuend empfunden.

»Dein Raum der inneren Stärken kann nun die Farbe finden, in der all diese Fähigkeiten stecken ... eine Farbe, in die all deine Stärken einfließen ...

sie kann nach und nach den ganzen Raum füllen ... sie kann sich auch über den Raum hinaus ausbreiten ... und du kannst in dieser Farbe baden, dich ganz von ihr einhüllen lassen ...«

Neben der Einladung, in der Ressourcenfarbe zu baden, biete ich dem Lernenden auch an, die Farbe der inneren Stärken aus dem Ressourcenraum hinaus in andere Bereiche im *Haus des Wissens* fließen zu lassen.

Diese Farbe kann in anderen Problembereichen genutzt und immer dann eingesetzt werden, wenn es für den Lernenden hilfreich ist.

Danielas Erfahrung: Ausflug in eine andere Welt

Bei einem der Besuche in meinem Haus des Wissens begebe ich mich auf die Suche nach dem Ressourcenraum. Wieder ist es einfach nur ein innerer Impuls, der mich in die große Bibliothek gehen lässt. Diesmal wandere ich nach rechts durch die verschiedenen Gänge aus Bücherregalen und gelange schließlich zu einer großen schweren Holztür. Vorsichtig öffne ich sie.

Vor mir erstreckt sich ein düsterer Gang, der in eine Art Felsen hineinzuführen scheint. An einer Wand hängt eine Fackel, die ich in die Hand nehme, als sich die Tür hinter mir leise wieder schließt. Die Flamme ist die einzige Lichtquelle, und es kostet mich einige Überwindung, nicht einfach umzukehren. Vorsichtig setze ich schließlich einen Fuß vor den anderen.

Es dauert eine ganze Weile, bis ich Tageslicht am anderen Ende erkennen kann. Zaghaft nähere ich mich dem Ausgang und kann meinen Augen kaum trauen: Ich stehe auf einem Berg an der Felskante, und vor mir führt eine schmale Steintreppe nach unten auf eine Ebene mit einem kleineren Hügel in der Mitte. Darauf thront eine riesige Festung mit vier gewaltigen Türmen. Dicke Mauern sowie ein Wassergraben schützen einen Innenhof, der von meiner erhöhten Position aus gut zu erkennen ist. Männer, Frauen und Kinder sowie Pferde, Ziegen, Hühner und andere Tiere laufen über den Platz – es herrscht ein buntes Treiben.

Plötzlich nehme ich im Augenwinkel eine Bewegung auf einem der Türme wahr. Kaum zu fassen, aber es scheint, als würden sich zwei Drachen in der Sonne räkeln! Anmutig hat sich der eine Drache gerade bewegt. Der andere liegt dösend einige Meter von ihm entfernt. Beide sehen sich sehr ähnlich und wirken auf die Entfernung relativ klein. Im Vergleich zu den Menschen im Innenhof ist dies jedoch vermutlich ein Trugschluss. Die Schuppen glänzen und funkeln in der Sonne – der dösende Drache in dunkelgrün, der andere in einem kräftigen Blau.

Die Enge des Tunnels ist schon fast vergessen, als ich den Berg hinabsteige. Es fühlt sich eigentlich nur so an, als würde ich einen großen Schritt machen, und schon stehe ich mitten auf dem Innenhof der Burg. Überall sind freundliche Gesichter zu sehen, und ich will mich gerade ein wenig umschauen, als ein helles Kreischen von der Spitze des Turms ertönt. Beide Drachen breiten ihre Flügel aus, um mit einem eleganten Sprung abzuheben und nach zwei kurzen Flügelschlägen direkt neben mir zu landen. Dass die umstehenden Leute so schnell aus dem Weg gehen konnten und niemand verletzt wurde, erscheint mir wie ein Wunder.

Neugierig und, sofern ich die Mimik eines Drachen deuten kann, anscheinend freundlich strecken sich mir nun ein grüner und ein blauer Drachenkopf entgegen. Ihr Atem auf meiner Haut fühlt sich an wie ein warmer Wind, und während ich diese wunderschönen Kreaturen neugierig mustere, vernehme ich zwei Stimmen. »Ich glaube, das ist sie.« – »Bist du dir sicher?« – »Nicht ganz. Aber wer sollte sonst hier auftauchen?«

Unwillkürlich muss ich grinsen und schaue freudig von einem Kopf zum anderen. Mir wird richtig warm ums Herz, als ich ihnen in die Augen sehe. »Ja, jetzt bin ich mir sicher, dass sie es ist.« – »Hast du Lust, eine Runde mit uns zu fliegen?«

Intuitiv klettere ich auf den Rücken des blauen Drachens. Es gibt keinen Sattel, ich schwinge mich einfach zwischen seine Zacken und halte mich daran fest. Es fühlt sich so vertraut an, als hätte ich dies schon oft getan.

Mit einem großen Satz und einigen kräftigen Flügelschlägen steigen meine beiden neuen Freunde in die Höhe. Mit erschreckender Geschwindigkeit wird die Burg unter uns immer kleiner, und ich kann die Welt unter mir betrachten. In der Nähe der Burg, gegenüber von dem Berg, aus dem ich kam, beginnt das Meer. Von hier oben sehen die Wellen ganz friedlich aus, und das Sonnenlicht spiegelt sich darin. Auf der anderen Seite des Berges beginnt eine weite Landschaft mit Feldern, Wiesen und einem riesigen Wald, der sich bis zum Horizont erstreckt. Wir fliegen zunächst ein Stück am Strand entlang, bevor die Drachen dann ins Landesinnere schwenken. Kleine Wege schlängeln sich durch die Wiesen und Hügel, und zwischendurch sind immer wieder kleine Dörfer zu erkennen. Hier und da sehe ich auch einen Bauernhof, eine Mühle oder einen See. Alles wirkt sehr friedlich, und die Luft ist trotz des Windes angenehm warm.

»Dieser Ort stellt deine inneren Fähigkeiten und deine inneren Stärken dar. Sie können als Symbole oder Gegenstände auftauchen. Du kannst selbst entscheiden, ob du ihnen eine Bedeutung geben oder sie einfach nur wahrnehmen möchtest ...«

Diese ganze Welt stellt also meine Ressourcen dar. Ich weiß nicht, wofür ein einzelnes Dorf oder gar ein Bewohner eigentlich steht. Aber es ist eine schöne, friedliche und angenehme Gegend, und ich fühle mich auf dem Rücken des Drachen sicher und unerschütterlich. Es ist nicht nur ein Raum, sondern eine ganz eigene Welt, die sich mir nun erschlossen hat.

Die Ressourcenfarben ergeben sich für mich ganz automatisch: Grün und Blau – die Farbtöne meiner neuen Gefährten. Auf dem Rückweg zur Burg fällt mir noch etwas auf: Auf den Türmen wehen nun große Fahnen, die von Weitem sichtbar sind. Sie tragen ein Wappen, auf dem zwei ineinander verschlungene Drachen zu sehen sind, die in Grün und Blau leuchten. Auch über den Burgmauern hängen nun große Banner mit demselben Motiv.

Wir landen auf einem der Türme, und ich steige ein wenig wehmütig vom Rücken des blauen Drachen. Zum Abschied beugen sich beide noch einmal mit ihren riesigen Köpfen zu mir herunter. »Hier, für dich!«, sagt der eine und pustet mich mit seinem warmen Atem an. Plötzlich erscheint eine Lederrüstung, die sich wie von Zauberhand weich um meinen Körper legt. Sie fühlt sich warm und schwer an, gleichzeitig lässt sie mir aber genügend Bewegungsspielraum. Sie ist aus vielen einzelnen Teilen zusammengesetzt, die wiederum grün und blau gefärbt sind. Darüber legt sich ein leichter Umhang kaum merklich um meine Schultern.

Im wahrsten Sinne des Wortes gut gewappnet und mit entschlossenem Schritt betrete ich wieder den Tunnel, der mich zu meinem Haus führt. Zurück in der Bibliothek finde ich direkt neben der Eingangstür eine gute Stelle, an der ich die Rüstung zurücklasse. Ich weiß, dass ich jederzeit zurückkehren und sie anziehen kann, wenn es nötig ist. Nur den Umhang behalte ich an, um meine Ressourcenfarbe immer bei mir zu haben und an diese fantastische Welt jenseits der Bibliothek erinnert zu werden.

2.10 Was sich sonst noch findet

Wie bereits am Beispiel des Ressourcenraums (s. Kap. 2.9.4 »Der Ressourcenraum«) deutlich wurde, ist das *Haus des Wissens* nicht nur zum reinen Lernen nützlich. Sobald man erst einmal auf den Geschmack gekommen ist, eröffnen sich immer mehr Möglichkeiten der Nutzung.

2.10.1 Verborgene Türen

Meist genügt die Einladung an den Lernenden, sein *Haus des Wissens* weiter zu erkunden. Sie können den Hinweis auf einen bisher unentdeckten Dachboden oder Keller geben und gespannt sein, was der Lernende dabei finden wird.

In diesen neuen, meist verborgenen Räumen können sich Fähigkeiten verstecken, die weniger offensichtlich erlernt wurden als das reine Wissen. Es handelt sich um Kompetenzen, die sich mit dem angesammelten sonstigen Wissen verknüpfen. Einige Beispiele sind:

- Intuition
- soziale Kompetenz
- emotionale Kompetenz
- Empathie
- Ästhetik
- logisches Denken

Hat der Lernende einen solchen Raum gefunden, können Sie ihm vermitteln, diese Fähigkeiten mit dem bisherigen Wissen zu verbinden. Das Netzwerk wird also auf diese Räume ausgedehnt, sodass alle Kompetenzen des Lernenden im *Haus des Wissens* berücksichtigt und genutzt werden können.

Praxis

Wenn alle Wissensbereiche eingerichtet sind, lade ich dazu ein, andere Räume im *Haus des Wissens* zu erkunden.

»Wenn du Lust dazu hast, könntest du nun dein Haus des Wissens noch weiter erkunden. Manchmal gibt es auch einen Dachboden, einen

Keller oder sogar ein Nebengebäude. Lass dich überraschen, was du noch findest.«

Besonders ältere Schüler oder Erwachsene, die ein Studium, eine Weiter- oder Ausbildung absolvieren, freuen sich über solch einen Raum. Meist ist er für diese Person in Zukunft eine wichtige Stütze. Wenn der Lernende sehr naturverbunden ist, so kann es sich zum Beispiel auch um einen Baum handeln. Wieder ist alles möglich.

»Je nachdem, was zu dir passt, können noch andere Fähigkeiten sichtbar werden. Sie betreffen Emotionen oder Veranlagungen, die du vielleicht in Verbindung mit dem Erlernten sehr gut gebrauchen kannst. Lass dich überraschen, welche verborgenen Türen dein Haus des Wissens noch zu bieten hat.«

So kann sich eine werdende Krankenschwester über einen Raum mit emotionaler Intelligenz genauso freuen wie der Mathematikstudent über seinen Bereich des logischen Denkens. Bisher haben die Räume stets sehr gut zu den entsprechenden Personen gepasst.

Die jeweiligen Fähigkeiten werden in einem solchen Raum unterschiedlich sichtbar. Manchmal zeigen sich eher spartanische Hinweise darauf, welche Qualitäten hier zu finden sind. Dann gibt es Bücher mit einem passenden Titel (z. B. »Einfühlungsvermögen«), Zettel an der Wand, auf denen Begriffe stehen (z. B. »Neugier«), oder auch Symbole, die von der jeweiligen Person sofort klar zugeordnet werden können (z. B. ein Herz für »Herzlichkeit« oder eine Skulptur für »Ästhetik«).

2.10.2 Der Garten

Gerade jüngere Schüler nutzen ihr *Haus des Wissens* nicht nur zum Lernen. Der Garten ist sehr beliebt, da die Kinder hier ihrem natürlichen Bewegungsdrang nachkommen können. Hier kann im Sommer zur Abkühlung ein Schwimmbad mit Wasserrutsche entstehen oder auch ein ganzer See. Im Winter dagegen ist hier Platz für Rodelhänge und Schneemänner.

Was zunächst als Pausenbeschäftigung gedacht war, hat sich bei einigen Kindern zu einer Art mentalem Ausgleich entwickelt. Sie nutzen es teilweise täglich zum imaginären Austoben und Spielen, gerne auch vor dem Einschlafen. Wieder ist alles möglich, und der Lernende entscheidet selbst, was gut für ihn ist.

Praxis

»Ich lade dich ein, dein Haus des Wissens von außen anzuschauen. Um das Haus herum kannst du dir nun eine Art Spielplatz bauen. Das können Klettergerüste oder andere Spielgeräte sein – du kannst dir aber auch einen ganzen Fußballplatz einrichten.

Du kannst dir dort auch etwas zum Abkühlen hinbauen. Das kann ein Planschbecken sein, eine Wasserrutsche oder ein Pool, vielleicht sogar ein See oder etwas ganz anderes.«

Es empfiehlt sich, im Verlauf immer mal wieder nachzufragen, wie die Kinder diesen Bereich für sich nutzen. Meist tun sie dies einfach, ohne mit jemandem darüber zu sprechen, und möchten es im weiteren Verlauf nicht mehr missen. Der Fantasie sind dabei keine Grenzen gesetzt:

- *»Wenn ich zwischendurch Langeweile habe, dann setze ich mich auf meinen Traktor und fahre ein paar Runden um mein Haus.«*
- *»Ich habe im Garten einen Pool mit einer großen Wasserrutsche. Es macht riesigen Spaß, da zwischendurch runterzurutschen.«*
- *»Neben meinem Haus ist eine Art Streichelzoo. Da wohnen ganz viele kuschelige Tiere. Da sitze ich manchmal und streichel alle einmal durch.«*

Ältere Schüler und Erwachsene nutzen den Garten gerne zum Entspannen. Dem Alter entsprechend geht es dann in der Regel ruhiger zu, und es finden sich Hängematten, Liegestühle oder Ähnliches. Aber auch hier ist alles möglich – vom Baumhaus bis zum Reitplatz oder einer eigenen Theaterbühne.

Danielas Erfahrung: Fundamentale Entdeckungen

»Vielleicht gibt es auch einen Dachboden oder einen Keller, den du noch nicht kennst …«

Den Dachboden habe ich schon gefunden, dort hatte sich mein Planungshelfer versteckt. Aber gibt es einen Keller in meinem Haus? Eigentlich gehe ich immer direkt über die Holztreppe in den ersten Stock.

Diesmal öffne ich ganz bewusst die Tür zu meinem Haus des Wissens und bleibe stehen. Rechts sehe ich die Treppe, die nach oben führt. Aber was ist auf der anderen Seite?

Direkt vor mir erscheint plötzlich eine ganz unscheinbare Tür. Warum ist sie mir bisher nie aufgefallen? Ich gehe schließlich jedes Mal direkt darauf zu! Verwirrt drücke ich die Klinke vorsichtig nach unten …

Ich stehe in einem Raum. Nein, eigentlich ist es kein Raum, sondern nur eine Farbe: Weiß. Ich kann weder eine Decke noch Wände erkennen, auch keinen richtigen Fußboden. Ich stehe einfach nur so da in der Farbe Weiß. Vorsichtig drehe ich mich um, doch auch die Tür ist verschwunden. Gerade, als ich eine leichte Panik in mir hochsteigen fühle, verändert sich die Umgebung. Das Weiß ist zwar genauso deutlich wie vorher, doch jetzt kann ich einen Boden erahnen. Zaghaft setze ich einen Fuß vor den anderen und merke, dass ich mich in dem Weiß bewegen kann.

Nach einigen Schritten taucht vor mir eine Gestalt auf. Zunächst kann ich kaum etwas erkennen, doch je näher ich ihr komme, desto deutlicher hebt sie sich von dem Nebel ab. Schließlich stehe ich direkt vor ihr.

Ich sehe mich selbst. Dort sitze ich, oder zumindest ein Mensch, der so aussieht wie ich, im Schneidersitz auf dem Boden. Einfach so – außer der Gestalt und dem Weiß ist nichts zu erkennen. Sie hat die Hände auf den Knien abgelegt und hält den Rücken gerade. Die Augen sind geschlossen – so, als würde sie meditieren. Sie ist ganz in Weiß gekleidet und strahlt vor allem eins aus: Ruhe. Als könnte sie nichts in der Welt erschüttern oder aus ihrer Entspannung reißen.

Wo bin ich hier?

Verschmitzt öffnet die Gestalt ein Auge, und ein kaum merkliches Grinsen huscht über ihr Gesicht. Selbst diese Bewegung scheint schon fast zu hektisch für die ruhige Atmosphäre. Die Gestalt haucht: »Willkommen im Raum der Intuition.« Sofort schließt sie das Auge wieder und ist genauso regungslos wie vorher.

Es reicht ein Gedanke und ich stehe plötzlich wieder im Türrahmen meines Hauses und starre auf die schlichte Holztür vor mir. Raum der Intuition? Ganz in Weiß, mit einem meditierenden Ich?

Das Bild fühlt sich absolut stimmig an. Ich weiß, dass dieser Raum schon von Anfang an da gewesen ist, ich bin einfach nur jedes Mal daran vorbeigelaufen. Als ich mich abwende, um den Rückweg anzutreten, muss ich unwillkürlich lächeln, und mein ganzer Körper fühlt sich auf einmal wohlig warm an. Sämtliche Bedenken sind wie weggefegt, als mir klar wird:

Es kann gar nichts mehr schiefgehen, denn ich habe ein Haus des Wissens mit einem ganz besonderen Fundament – der Intuition.

2.11 Prüfungsvorbereitung und Prüfungen

Dieses Kapitel befasst sich mit dem wichtigen Thema der Prüfungen und wie man sich mit dem *Haus des Wissens* darauf vorbereitet. Dabei unterscheide ich bei der Planung zwischen jüngeren und älteren Schülern bzw. Erwachsenen. Außerdem wird beschrieben, wie man eine wirkungsvolle Verankerung durchführen und in der Prüfung abrufen kann. Zuletzt erfahren Sie, wie der Angst vor Blackouts mit dem *Haus des Wissens* begegnet werden kann.

2.11.1 Jüngere Schüler

In den ersten Schuljahren handelt es sich meist um übersichtliche Themenbereiche, die in einer Klassenarbeit abgefragt werden. Es empfiehlt sich, am letzten Tag vor einer Arbeit entsprechende Vorbereitungen zu treffen.

Irgendwann zwischen den letzten Hausaufgaben oder Übungen und dem Einschlafen soll der entsprechende imaginäre Lernraum vorbereitet werden. Es ist ratsam, diesen Zeitpunkt mit dem Schüler im Vorfeld zu verabreden. Er entscheidet nach seinen häuslichen Ritualen, wann er diese letzte Vorbereitung treffen möchte. Die meisten Kinder wählen die Phase vor dem Einschlafen, andere jedoch schließen das Thema Schule deutlich früher am Tag ab.

Praxis

Die Vorbereitung eines speziellen Lernraums soll nun am Beispiel des Mathematikraums verdeutlicht werden. Dabei empfiehlt es sich, auf die individuellen Gegebenheiten im *Haus des Wissens* einzugehen und den Wahrnehmungstypus des Lernenden zu berücksichtigen.

»Wenn du dann am Dienstag vor der Mathearbeit in deinem Bett liegst, kannst du noch einmal in deinen blauen Matheraum gehen. Dort kannst du alles beiseiteräumen, was du für die Arbeit nicht brauchst. Bitte deine Helfer, stattdessen genau das, was am nächsten Tag für dich wichtig ist, auf den Schreibtisch zu legen. Gute Bilder oder Filme aus dem Unterricht können schon aufgehängt bzw. in den DVD-Player eingelegt werden.«

Ein Ausblick auf den Beginn der Prüfungssituation hat sich in der Praxis sehr bewährt. Dies hilft dem Lernenden, eine gewisse Sicherheit zu bekommen, dass am nächsten Tag automatisch die optimalen Vorbereitungen getroffen werden.

> *»Dann kannst du mit deinen Helfern verabreden, dass sie genau in dem Moment, in dem die Mathestunde beginnt, bereitstehen. Und während du in der Klasse sitzt und deine Aufgaben rechnest, finden sie all dein Wissen in dem blauen Raum. Du kannst darauf vertrauen, dass sie dir helfen.«*

2.11.2 Anker setzen

In Kapitel 2.6.1 wurden bereits typische Anker im Schulalltag beschrieben. Im Fall einer Prüfung wird die Methode des Ankersetzens allerdings noch bedeutsamer. Gerade wenn Schüler vor einer Klassenarbeit nervös werden, ist es wichtig, bereits vorher einen automatisierten Ablauf zu bahnen und vorzubereiten. Durch bestimmte Methoden kann nicht nur der Weg ins *Haus des Wissens* mit Alltagsgegenständen verknüpft und damit verankert werden, sondern es lassen sich auch sämtliche Ressourcen des Lernenden in der Prüfungssituation nutzen.

Im Beispiel des Mathematikraums ist das Wissen an die blaue Farbe gekoppelt. Deshalb empfiehlt es sich, im Falle einer Mathematikarbeit, etwas Blaues mit in die Prüfung zu nehmen. Eine sehr einfache Methode ist, dafür einen blauen Stift zu benutzen.

Gerade in den ersten Schulklassen ist der Stift, mit dem geschrieben wird, in der Regel allerdings nicht austauschbar. Dann können Sie dem Schüler empfehlen, einen sonstigen blauen Gegenstand oder ein Kleidungsstück als Anker mitzunehmen. Auch hier darf der Schüler selbst entscheiden, welche Anker für ihn passend erscheinen. So kann er mit der Zeit lernen, eigenständig solche Gegenstände auszuwählen und entsprechende Verknüpfungen zu definieren (Ötsch u. Stahl 2003).

Lernende, die mit Farben nichts anfangen können, sollten ein anderes Symbol für das jeweilige Fach finden. Diese Symbole müssen »mitnehmbar« sein. Beliebt sind Steine, Münzen, Stifte (Kugelschreiber, Füllhalter, Bleistift ...) oder auch ein Laserpointer bei einer Präsentation. Vereinzelt wünschen sich auditive Typen auch eine Melodie, die sie sich bis kurz vor der Prüfung anhören, um die richtige Verknüpfung zum jeweiligen Fach wahrzunehmen.

Manchen Kindern sind Gegenstände generell unangenehm. Sie haben Angst, diese zu vergessen oder zu verlieren. Andere befürchten auch Nachfragen von Klassenkameraden und möchten nicht negativ auffallen. Diesen Kindern können Sie empfehlen, die eigenen Hände zu benutzen. Ein gängiger Anker ist der Druck mit dem Daumen auf das Handgelenk, den Daumenballen oder die Handfläche der anderen Hand (O'Connor a. Seymour 2001).

Um z. B. die blaue Farbe zusätzlich in diesem Druckpunkt zu verankern, kann sich der Schüler auch noch einen kleinen blauen Punkt dorthin malen.

Dieser Punkt kann neben dem Sprung in den Mathematikraum auch mit vielen positiven Dingen »aufgeladen« werden:

- Fähigkeiten, die bei dieser Prüfung hilfreich sind (z. B. Theatererfahrung für eine Präsentation)
- Ressourcenfarbe aus dem Ressourcenraum
- gute Erfahrungen aus einer früheren Prüfung
- gute Wünsche von lieben Menschen.

Alle inneren Stärken, die der Lernende bereits beim Einrichten des Ressourcenraums (s. Kap. 2.9.4 »Der Ressourcenraum«) gefunden hat, lassen sich hier nutzen.

Darüber hinaus können Sie den Lernenden anleiten, sich an Prüfungen in anderen Bereichen zu erinnern, die besonders gut verlaufen sind. Auch hier ist es wichtig, auf die individuellen Fähigkeiten einzugehen. Geeignete Beispiele sind Ballettaufführungen, Judogürtelprüfungen, Orchesterkonzerte, Schwimmabzeichen, Fußballspiele u. v. m.

Praxis

Die bereits gesetzten Anker, um den Weg ins *Haus des Wissens* zu automatisieren, können im Fall der Prüfung noch erweitert werden:

»Und wenn du dich mit deiner blauen Jeans auf den Stuhl setzt, bist du ganz in deiner blauen Farbe und deinem blauen Raum. Durch das Blau

kannst du sofort auf allen Mathestoff zugreifen, den du im blauen Raum gesammelt hast.«

Für schwierige Fälle habe ich in meiner Praxis immer eine Schachtel mit farbigen Steinen, die ich den Kindern mitgeben kann. Sobald ein Stein ausgesucht wurde, verknüpfe ich ihn in unserer Sitzung mit seiner neuen Aufgabe.

»Und wenn du den blauen Stein in deine Hosentasche steckst, bist du ganz automatisch in deinem blauen Raum ...«

Allen Prüflingen, die lieber ihre Hände als Anker nutzen wollen, biete ich diese Alternative an. Hier kann individuell ein spezieller Punkt als Anker dienen und mit allen positiven Eigenschaften und Erfahrungen aufgeladen werden. Dazu lasse ich den Prüfling gute Erfahrungen in Erinnerung rufen, damit diese dort verankert werden können.

»Wenn du diesen Punkt an deiner rechten Hand drückst, wirst du automatisch in deinem blauen Raum an deinem Schreibtisch sitzen ...

Ich bitte dich jetzt einmal, dich an eine Prüfungssituation zu erinnern, in der es dir richtig gut ging. Dies kann auch außerhalb der Schule gewesen sein ...

Nun lass bitte dieses Pokalspiel, in dem dir alles so toll gelungen ist, noch einmal vor deinem inneren Auge ablaufen. Schau genau hin, wie konzentriert du bei der Sache warst ... wie du immer genau das richtige Tempo hattest ... wie du immer alles im Blick hattest ...

Und wenn du dich wieder gut an das Gefühl erinnern kannst, dann geh gedanklich noch einmal in die Situation hinein ... Wenn du noch einmal spürst, wie gut dir das alles gelungen ist, dann drücke deinen Punkt an der Hand und speicher dieses Gefühl dort ab.«

Diese Erinnerungen können wiederholt und durchaus mehrmals abgespeichert werden.

»Und immer, wenn dir im Alltag irgendetwas sehr gut gelingt, kannst du diesen Punkt weiter aufladen, in dem du das gute Gefühl dort abspeicherst.«

Auch das Abrufen dieser Kompetenzen sollte geübt werden.

»Wenn du dann deine Mathearbeit schreibst, kannst du diesen Punkt wieder drücken. So kann dein Gehirn sich erinnern, was hier alles abgespeichert wurde: Du bist automatisch in deinem blauen Matheraum und hast Zugriff auf alles, was du hier abgespeichert hast. Du erinnerst dich aber auch daran, wie konzentriert du bei der Sache sein kannst ... dass du das richtige Tempo findest ... und immer alles im Blick hast ...«

Ziel sollte sein, dass der Prüfling sowohl das Aufladen seines Punktes übt als auch, das Abgespeicherte wieder abzurufen. Ob er als Anker seine Hand oder einen Gegenstand nutzt, ist dabei völlig egal.

Entscheidend ist immer, dass der Prüfling selbst herausfindet, was er am ehesten benötigt. Und erneut gilt: Alles ist möglich!

2.11.3 Ältere Schüler, Jugendliche und Erwachsene

In höheren Klassen und vor Abschlussprüfungen oder Examina werden die Prüfungsvorbereitungen wesentlich komplexer. Dem Umfang entsprechend sollten die Prüflinge frühzeitig einen Lernplan (s. Kap. 2.8 »Die Planungstafel«) erstellen. Für viele ist dabei die Kommunikation mit dem Pausen- und dem Planungshelfer sehr hilfreich. Mit ihnen kann man immer wieder imaginäre Teamgespräche führen, in denen die aktuelle Lernstrategie überarbeitet wird.

Da es sich bei der Arbeit mit dem *Haus des Wissens* um ein mentales Training handelt, müssen diese Techniken auch wirklich geübt werden. Der Kontakt mit den Helfern vor dem Einschlafen oder am Ende der Lerneinheiten hat sich bei vielen Schülern bewährt.

Hierbei kann der Lernende beispielsweise abklären:

- Was war gut?
- Was kann noch verbessert werden?
- Welcher ist der wichtigste nächste Schritt?

So entwickelt sich in vielen kleinen Schritten eine gut anwendbare Lerntechnik. Auch hier gilt es, zu Beginn etwas Druck herauszunehmen und motivierend einzuwirken.

Praxis

Hier einige Beispiele:

- *»Die ersten Schritte sind oft die schwersten. Lass dich überraschen, wann es dir zum ersten Mal gelingt, mit deinem Haus des Wissens eine Prüfung gut vorzubereiten.«*
- *»Wenn du ein paar Mal geübt hast, kann es dir immer besser gelingen, ganz automatisch mit dem Haus des Wissens in die Prüfung zu gehen.«*
- *»Wenn dir inzwischen das Lernen im Haus schon gelingt, dann wirst du sicher auch bald in den Prüfungen davon profitieren können.«*

2.11.3.1 Welches Ziel hat der Prüfling?

Für anstehende Prüfungen ist eine **Zielvereinbarung** sehr wichtig.

Was möchte der Prüfling erreichen?

Es kommt immer wieder vor, dass Prüflinge viel zu hohe Anforderungen an sich selbst stellen. Viele lernen so, als müssten sie 100 % der Fragen richtig beantworten. Ein klärendes Gespräch kann hier bereits sehr hilfreich sein.

Zum Bestehen des Physikums, dem ersten Staatsexamen nach vier Semestern Medizinstudium, muss man nur 60 % der schriftlichen Fragen richtig beantworten (Institut für medizinische und pharmazeutische Prüfungsfragen, Frühjahr 2015). Wenn es das Ziel des Studenten ist, diese Prüfung nur zu bestehen, warum versucht er dann, 100 % der Fragen richtig zu lösen?

Da dies ein unrealistisches Ziel ist, wird er permanent frustriert sein. Beim Abitur genügen 80 % der maximalen Punktzahl für einen Notendurchschnitt von 1,6. Auch hier werden für die Traumnote von 1,0 »nur« 91 % und nicht 100 % der Gesamtpunktzahl benötigt (Oberstufen- und Abiturverordnung, OAVO, des Landes Hessen, 2009).

Das realistische Ziel sollte anschaulich vor Augen geführt werden. Reicht in einer Prüfung das Bestehen völlig aus, so sollte man das Ziel auch entsprechend formulieren.

Der Medizinstudent könnte sich beispielsweise eine ganz große 60 an seine Planungstafel schreiben. Wenn für einen Studiengang ein bestimmter Numerus clausus angestrebt wird, so kann die notwendige Gesamtpunktzahl im Abitur an der Tafel stehen.

Praxis

Es ist sehr hilfreich, wenn ein gut informierter Prüfling sein individuelles **Ziel** selbst definiert. Es begegnen mir immer wieder Schüler und Studenten, die im Strom der Klasse oder des Semesters einfach nur mitschwimmen.

Ich stelle gerne die Frage nach dem Sinn der momentanen Quälerei:

- *»Warum willst du eigentlich Abitur machen?«*
- *»Warum studieren Sie ausgerechnet dieses schwere Fach Jura?«*
- *»Warum gehst du auf die Berufsfachschule?«*

Die Klärung dieser Frage ist in meinen Augen sehr bedeutend. Häufig kommen Antworten wie:

- *»Es hat sich so ergeben.«*
- *»Damit ich mit einem besseren Abschluss mehr Möglichkeiten habe.«*
- *»Meine Eltern sagen ...«*

Ich provoziere gerne und stelle die Notwendigkeit der Quälerei vollständig infrage.

- *»Also ich finde, dass eine gute mittlere Reife im Leben völlig ausreicht.«*
- *»Meinen Sie nicht, ohne dieses Studium ginge es Ihnen viel besser?«*
- *»Könntest du nicht einfach schon Geld verdienen und auf diese Quälerei verzichten?«*

Diese Fragen meine ich auch inhaltlich sehr ernst. Muss die Lernerei sein? Gibt es keine einfachere Alternative? Der Prüfling soll sich die Frage nach dem »Worst Case« – dem ungünstigsten Fall – einmal selbst stellen. Was passiert, wenn er durchfällt? Wer ist am meisten enttäuscht?

Diese Gedankengänge bewirken die Klärung der Motivation. Erst wenn der Prüfling selbst und für sich ganz persönlich bestehen möchte, ist an eine gute Arbeit zu denken. Andernfalls sind Gespräche über Alternativen mit dem Prüfling und gegebenenfalls auch mit den Eltern notwendig.

Nach der Klärung des Ziels und der Motivation lasse ich den Prüfling gerne eine Art Zielfoto erstellen.

»Wenn du nun im Haus des Wissens an deiner Planungstafel stehst, bitte ich dich, in der Nähe ein Foto aufzuhängen. Auf diesem Foto sollst du zu sehen sein, wenn du dein Ziel erreicht hast.«

Typische Bilder sind die Übergabe des Abschlusszeugnisses oder der Empfang eines Prüfungsbescheids per Post. Ebenso beliebt ist ein Bild des Prüflings vor einem Bildschirm, auf dem das Wort »bestanden« aufleuchtet. Andere wiederum sehen sich im Kreis der Familie oder Freunde und nehmen Glückwünsche entgegen. Auch hier ist wieder alles möglich.

2.11.3.2 Die Prüfung vorbereiten

Die entsprechenden Lernräume mit ihren Helfern werden auf die Prüfung ausgerichtet. Der Schüler hat inzwischen gelernt, seine farbgebundenen Arbeitsbereiche zu wechseln, wenn ein anderes Fach an der Reihe ist. Fachübergreifende Themen werden an zentraler Stelle gebündelt und stehen über ein Netzwerk miteinander in Verbindung.

Vor einer Klausur wird der entsprechende Arbeitsplatz bereits am Vortag vorbereitet. Alle unnötigen Materialien dürfen weggeräumt werden, und der Schreibtisch wird mit den wichtigsten Informationen versehen. Sollten andere Medien genutzt werden, so stehen auch diese bereit.

Handelt es sich um eine fachübergreifende Prüfung, so müssen alle beteiligten Arbeitsplätze nacheinander ebenso aufgeräumt werden. Man bittet die Helferwesen um eine gute Kommunikation und aktiviert das Netzwerk. Hierzu kann durchaus gehören, dass Wände eingerissen und Wissensbereiche zusammengelegt werden.

Vor dem Einschlafen oder zu einem anderen passenderen Zeitpunkt erfolgt die letzte Absprache mit den Helfern. Man braucht sie dann am Prüfungstag nicht mehr explizit um ihre Mitarbeit zu bitten.

Wieder können Anker bereits einen Tag vor der Prüfung gesetzt und auch aktiviert werden. Ebenso wie bei den jüngeren Schülern können die Prüflinge dafür farbige Gegenstände oder Symbole mitnehmen (s. Kap. 2.11.2: »Anker setzen«). Sie lernen, die Prüfungsvorbereitungen in ihrem Haus selbst in die Hand zu nehmen.

Praxis

»Wenn ich morgen den Laserpointer in die Hand nehme, werde ich ganz automatisch im Haus des Wissens an meinem zentralen Arbeitsplatz sitzen. Dann wird mir alles Wissen zur Verfügung stehen, was aus meinen Lernräumen hier zusammengetragen wurde. Meine Helfer werden mich unterstützen und bereitstehen.«

Ich motiviere die Schüler, diese Verankerungen selbst zu erlernen, damit sie später immer wieder darauf zurückgreifen können. Bereits am Abend vor der Prüfung einen Automatismus zu aktivieren, scheint leichter zu sein als am Prüfungstag selbst. »Wenn ich morgen den Laserpointer in die Hand nehme, werde ich ganz automatisch ...«, bedeutet, dass es nicht mehr vergessen werden kann. Trotz guter Vorbereitung sind viele Schüler am Tag der Prüfung aufgeregt. Ablenkungen von außen kommen hinzu. Die Angst, den Weg in ihr *Haus des Wissens* zu vergessen, ist oftmals groß. Daher ist die Kopplung an eine Tätigkeit, die in jedem Fall passiert, hilfreich.

Es gibt unzählige Möglichkeiten, aus denen man wählen kann:

- *»Wenn ich das Gebäude (den Raum) betrete ...«*
- *»Wenn ich mich auf den Prüfungsstuhl setze ...«*
- *»Wenn ich das Blatt umdrehe ...«*
- *»Wenn ich meine Prüfer sehe ...«*

Auch hier ist wieder entscheidend, nur Anregungen zu geben. Der Prüfling kennt sich selbst und seine Tagesabläufe bis zur Prüfungssituation am besten. Dementsprechend sollte er seine Anker setzen.

Danielas Erfahrung: Letzte Renovierungsarbeiten

Das Abitur rückt unweigerlich näher, und ich spreche mit meinen Helfern im Haus des Wissens *ab, wie man die Schulbibliothek optimal auf die Prüfungen vorbereiten kann. Es zeigt sich zwar, dass die Helfer in der Regel wissen, wo etwas zu finden ist, sie aber in manchen Fällen Schwierigkeiten haben, da die Themen nicht fächer-, sondern jahresweise sortiert sind. Außerdem möchte ich gern die fachbezogenen Farben von den Schreibtischen übernehmen.*

Es nimmt also jeder meiner Helfer einen Pinsel mit einer bestimmten Farbe in die Hand und schreitet die Regale ab. Ich selbst schnappe mir einen blauen Pinsel und überstreiche alle Mathebücher an ihrem Buchrücken blau. Natürlich bleibt der Titel dabei erkennbar.

Mit so vielen Helfern kommen wir erstaunlich schnell voran. Bald stehen in sämtlichen Regalen Bücher mit rotem, grünem oder blauem Buchrücken. Ein Gedanke von mir reicht, und die Bücher schweben farbenweise sortiert aus den Regalen heraus, um sich in einem leeren Regal am anderen Ende der Bibliothek zu sammeln und thematisch geordnet aufzureihen. So gibt es nun für jede Farbe ein eigenes Regal, und die Helfer müssen nicht mehr so lange suchen. Die übrigen Regale sehen jetzt ziemlich leer aus. Aber mir fallen noch zwei wichtige Fächer ein, die ich gerne griffbereit haben möchte. Schließlich warten auch noch zwei mündliche Prüfungen auf mich, und wenn wir schon mal dabei sind, können wir auch dafür gleich die entsprechenden Themen raussuchen. Also gehen wir noch einmal mit Pinseln durch die Regale und färben diesmal alle Biotechnologiebücher gelb. Zu guter Letzt bekommen sämtliche Geschichtsbücher eine braune Färbung und finden ebenfalls gebündelt einen neuen Platz in der Schulbibliothek. Spätestens jetzt stehen nur noch wenige Bücher an ihrem ursprünglichen Platz. Auch sie werden fächerweise sortiert. Schließlich bringe ich noch Schilder an den jeweiligen Regalen an, die das entsprechende Fach anzeigen.

Sämtliche leeren Regale verschwinden, und die übrigen werden direkt an die Wände geschoben. So ist in der Mitte des Raumes viel Platz, wodurch mehrere Leute bequem aneinander vorbeigehen können. Darüber hinaus hat man einen guten Überblick, sobald man den Raum betritt. Zuletzt installiere ich noch Strahler an der Decke, die die Regale optimal ausleuchten und keine Schatten entstehen lassen.

Meine Helfer sehen sich zufrieden in dem neuen, bunten Raum um. Einige von ihnen haben Farbkleckse im Gesicht, an den Armen oder in den Haaren, aber sie sehen allesamt glücklich aus.

2.11.3.3 Blackout in einer Prüfung

Es gibt auch Schüler, die von Blockaden mitten in einer Klausur berichten. Sie beginnen ohne Probleme und stolpern im Verlauf über eine Aufgabe, die sie nicht auf Anhieb lösen können. Meist sind sie mehr oder weniger traumatisiert, weil solch eine Blockade in der Vergangenheit zu einem Blackout geführt hat. Plötzlich scheint alles Erlernte vergessen, und das Gefühl »Jetzt geht gar nichts mehr!« steht im Vordergrund.

Die Angst vor einer Wiederholung dieses Erlebens ist dann größer als das eigentliche Problem der aktuellen Aufgabe. Schwerwiegende Traumatisierungen können dazu führen, dass eine Therapie notwendig ist (s. Kap. 3.1 »Prüfungsangst« und Kap. 3.2 »Widerstände und Lernblockaden«).

Praxis

Bei weniger massiv ausgeprägten Blockaden können ebenfalls Anker gesetzt werden.

»Wenn mir in der Prüfung plötzlich eine schwierige Frage begegnet, dann drücke ich den blauen Stein und bin automatisch in meinem blauen Raum. Hier bitte ich meine Helfer, mir einen Tipp zu geben, wie es weitergeht.«

Was dem Prüfling in dieser Situation am meisten helfen könnte, erarbeite ich mit ihm ganz individuell. Und genau diese imaginäre Unterstützung wird dann verankert. Generell wird auch hier die Technik des Ankersetzens als Unterstützung vollständig ausgeschöpft (s. Kap. 2.11.2 »Anker setzen«). Oftmals wird es schon als enorme Entlastung empfunden, wenn nun eine Möglichkeit besteht, bei Auftreten der Blockade eigenständig aktiv werden zu können.

2.11.3.4 Eine Prüfung visualisieren

Bei Unsicherheit vor einem anstehenden Ereignis ist die Visualisierung davon, wie es ablaufen könnte, sehr hilfreich. Wenn alle Vorbereitungen getroffen sind und Sie das Gefühl haben, der Prüfling ist bestmöglich mit seinen Techniken ausgerüstet, können Sie dies überprüfen lassen. Dazu eignet sich das **Future Pacing** – wobei auf einer imaginativen Leinwand eine Zukunftsvision aufgebaut wird (Rückerl 1996).

Die Visualisierung des eigenen Erfolgs zeigt dem Schüler, dass er alle Voraussetzungen zur Verfügung hat, um zu bestehen. Dies können Sie anschließend noch einmal auf der bewussten Ebene besprechen. Dadurch kann der Prüfling sehr intensiv wahrnehmen, dass ein Gelingen tatsächlich möglich ist.

Praxis

»Ich lade dich dazu ein, in deinem Haus des Wissens eine Leinwand aufzubauen. (Dies kann auch ein Monitor oder Ähnliches sein.) Nun bitte einmal deinen inneren Filmvorführer, auf dieser Leinwand deine schriftliche Abiprüfung in Mathe darzustellen. Lass dir in einem Film zeigen, wie es aussehen kann, wenn du alle Strategien anwendest, die du erlernt hast. Dann schaue dir an, wie du sehr konzentriert an deinem Platz sitzt. Du kannst auch sehen, wie du gleichzeitig im Haus des Wissens durch deine Helfer unterstützt wirst. Lass den Film eine Weile laufen. Du kannst ganz gespannt sein, wie es dir dort in dem Raum geht.«

Diese Bilder werden auch ohne vorherige Erklärung aufgebaut. Wenn der Schüler gelernt hat zu imaginieren, brauche ich Begriffe wie »Leinwand aufbauen« und »inneren Filmvorführer« nicht weiter auszuführen – es passiert einfach. Ich habe mit dieser Technik sehr gute Erfahrungen gesammelt.

Danielas Erfahrung: Das Abitur

Irgendwann ist es dann tatsächlich so weit: Die Abiturprüfungen stehen vor der Tür.

Am Nachmittag vor der Matheprüfung rechne ich noch einmal die Aufgaben durch, bei denen ich mich unsicher fühle. So geht der Nachmittag irgendwie vorbei, es wird Abend, und ich gehe ganz bewusst in mein *Haus des Wissens*, um es für den nächsten Tag vorzubereiten.

Als ich den Lernraum betrete, sind alle Helfer bereits versammelt, und ich erkläre ihnen, natürlich nur in Gedanken, den Ablauf des nächsten Tages. Es ist ganz klar, dass morgen Vormittag der Fokus komplett auf Mathe gelegt sein muss. Die anderen beiden Schreibtische werden also in Schatten getaucht, und sämtliche Spots sind auf den blauen Schreibtisch gerichtet. Eigentlich sieht er schon ganz ordentlich aus, wir gehen aber trotzdem noch einmal die einzelnen Themen durch.

Die Prüfung wird aus drei Teilen bestehen, und dementsprechend gibt es auch drei verschiedene Themenbereiche an meinem Arbeitsplatz: Analysis, Geometrie und Stochastik. Da mir das dritte Thema, Stochastik, immer am schwersten fällt, nimmt es auch den größten Bereich ein. Außerdem werde ich, zumindest in zwei der drei Themenbereiche, zwischen zwei verschiedenen Aufgabenstellungen wählen können.

Gemeinsam mit den Helfern beschließe ich, mir zuerst in Ruhe beide Vorschläge durchzulesen, um mich dann intuitiv für einen zu entscheiden. Außerdem legen wir fest, dass ich die Themen auch genau in der Reihenfolge bearbeite, wie sie auf dem Schreibtisch sortiert sind. Also zuerst Analysis, dann Geometrie und Stochastik zum Schluss. So kann ich mich in Ruhe mit der Stochastik beschäftigen und gerate hoffentlich nicht allzu sehr unter Druck.

Darüber hinaus frage ich meine Helfer, ob es unter ihnen jemanden gibt, der sich besonders gut mit Mathe auskennt. Es meldet sich ein junger Mann. Wir beschließen, dass er morgen an meiner Seite sein wird, während ich selbst in Gedanken an dem blauen Schreibtisch im Haus des Wissens sitze. Eine seiner Schwestern erklärt sich bereit, das blaue Regal in der Schulbibliothek noch einmal bewusst aufzuräumen und morgen zwischen der Bibliothek und dem Schreibtisch hin und her zu laufen, um die fehlenden Bücher zu besorgen. Die anderen Helfer werden sich in der Nähe aufhalten und einspringen, sobald sie gebraucht werden.

Mein Experte am Schreibtisch überprüft noch einmal, ob alle wichtigen Unterlagen da sind, legt Stifte und Papier bereit und schaut mich ernst an. Von seiner Seite aus ist alles vorbereitet. Auch die Expertin für das blaue Regal nickt mir zu. Jetzt ist wohl genügend getan. Alles, was bis zum jetzigen Zeitpunkt nicht in diesen zwei Räumen gelandet ist, wird morgen schwer zu erreichen sein. Trotzdem bin ich zuversichtlich, denn ich habe mich lange auf diesen Tag vorbereitet, und irgendwie ist es auch ein angenehmes Gefühl, morgen einmal alles abrufen zu können, anstatt noch mehr Wissen anzuhäufen.

Ich schaue noch ein letztes Mal in die Gesichter der Helfer und beschließe, uns allen für heute den Abend freizugeben. Es kann und muss jetzt nichts mehr getan werden – wir sind bereit. Wir verabreden uns für den nächsten Morgen. Ich verspreche, während des Frühstücks einmal in Gedanken meinen Lernraum zu besuchen, um zu überprüfen, ob alle da sind und sich über Nacht nichts geändert hat. Mit Betreten des Prüfungsraums in der Schule werde ich mich dann automatisch an meinen Schreibtisch im Haus des Wissens setzen, und die Helfer werden sich auf ihren Posten befinden.

Einigermaßen beruhigt und irgendwie frohen Mutes, dass morgen die erste Etappe geschafft sein wird, gehe ich die Treppe hinunter und verlasse ganz bewusst mein Haus des Wissens. Auf der Wiese drehe ich mich noch einmal um und sehe, wie die Lichter nach und nach ausgeschaltet werden. Ich weiß, dass mir morgen all diese Bücher und Ordner an Wissen zur Verfügung stehen werden und ich wirklich genug dafür getan habe, dass es so ist.

Mathe unter falschem Vorzeichen

Ich habe gut geschlafen und gehe während des Frühstücks, wie versprochen, in Gedanken in mein *Haus des Wissens.*

Natürlich sind meine fleißigen Helfer schon da. Der Schreibtisch sieht genauso aus, wie ich ihn gestern verlassen habe, und irgendjemand hat sich sogar die Mühe gemacht, die Fenster im Lernraum zu putzen, sodass er noch heller und freundlicher wirkt.

Ein letztes Mal wird die Tasche überprüft – vor allem muss der blaue Stift dabei sein, mit dem ich jede einzelne Matheübung gerechnet habe.

Im Prüfungsraum ist die allgemeine Unruhe sehr stark zu spüren, doch ich versuche, mich davon nicht ablenken zu lassen. Der blaue Stift liegt bereit, ich genehmige mir ein Stück Traubenzucker und lese wie versprochen erst einmal in Ruhe die verschiedenen Aufgaben durch. Die Stochastikaufgaben sind dieses Jahr denkbar fair gestellt und selbst für mich gut machbar – puh, einmal tief durchatmen! Allgemeine Erleichterung ist im Raum spürbar und auch innerlich in meinem *Haus des Wissens* angekommen: Ohne vorher aktiv darüber nachgedacht zu haben, sehe ich meinen Lernraum vor mir, und die letzte Aufregung fällt von mir ab.

Wie versprochen wähle ich in den einzelnen Themenbereichen intuitiv einen Vorschlag aus und beginne in der festgelegten Reihenfolge. Am Anfang sehe ich mich noch ganz deutlich an meinem Schreibtisch im *Haus des Wissens* sitzen, den Experten an meiner Seite. Irgendwann verschwimmt dieses Bild aber und ich arbeite einfach konzentriert eine Aufgabe nach der anderen ab. Ich stolpere nur bei einer einzigen, die ich nach kurzem Überlegen erst einmal auslasse, und bearbeite zuerst alle anderen Aufgaben. Selbst die Stochastik kann ich in einem durchrechnen und muss kein einziges Mal unterbrechen. Nach zwei Stunden (die Prüfung dauert offiziell vier Stunden) bin ich mit der Klausur, abgesehen von der übersprungenen Aufgabe, fertig. Nach einer kurzen Pause lese ich diese noch einmal von vorne.

Es ist eigentlich ganz banal: Man soll zeigen, dass eine vorgegebene Gleichung in eine andere umzuwandeln ist. Beide Gleichungen stehen auf dem Aufgabenzettel, man muss nur den Rechenweg aufzeigen. Ich weiß also, wie die Lösung aussehen muss, meine Gleichung zeigt aber ständig falsche Vorzeichen, während der Rest übereinstimmt. Der Mathelehrer kommt zweieinhalb Stunden nach Beginn der Prüfung bei mir vorbei und schaut kurz über meine Klausur. Er gibt mir zu verstehen, dass ich durchaus zufrieden sein kann, auch wenn ich diese Aufgabe nicht vollständig lösen kann.

Ich halte also noch einmal inne und frage meine Helfer im Haus des Wissens, ob sie dem zustimmen können. Sie scheinen wirklich zufrieden zu sein, haben ad hoc jedoch auch keinen neuen Lösungsvorschlag für die betreffende Aufgabe.

Um mein Gewissen trotzdem zu beruhigen, gehe ich die gesamte Klausur noch einmal durch, rechne einzelne Übungen nach, komme dabei aber ebenfalls zu dem Schluss, dass ich nichts mehr tun kann.

Ich lasse die falschen Vorzeichen stehen und vergewissere mich trotzdem noch einmal bei meinen Helfern, dass ich die Klausur so abgeben darf.

Nach drei Stunden verlasse ich den Prüfungsraum. Natürlich fühle ich mich ziemlich ausgelaugt und schlapp. Aber auch nach längerem Nachdenken muss ich feststellen: Es lief einfach gut. Und auf dem Heimweg erscheint mir automatisch das Bild meiner Helfer:

Ich sehe, wie sie im Lernraum die Stapel auf dem blauen Schreibtisch sortieren und einen nach dem anderen in die Schulbibliothek zurücktragen. Sie haben wirklich gute Arbeit geleistet.

Deutsch-Abi mit Improvisation

In meinem Lernraum wird der fast leere blaue Schreibtisch nun in Schatten gehüllt, die Spots zeigen ab jetzt auf den roten Deutschschreibtisch. Hier sieht es verhältnismäßig wüst aus, die Stapel sind nicht fein säuberlich getrennt wie vorher auf dem blauen Tisch. Alle Bücher, die potenziell im Abitur vorkommen können, liegen bunt verstreut. Dazu kommen noch einzelne Gedichte oder auch Charakterisierungen, Analysen, Zusammenfassungen ... Es ist schwierig, hier eine klare Struktur zu finden.

Unter meinen Helfern findet sich eine junge Dame, die sich besonders gut mit dem Fach auskennt. Sie lässt sich freudig auf dem Schreibtischstuhl nieder, sortiert ein paar Zettel, vertauscht einige Bücher miteinander und legt Stift und Papier bereit. Danach sieht der Tisch für mich noch genauso sympathisch chaotisch aus wie vorher, aber sie scheint mit der momentanen

Ordnung zufriedener zu sein. Ich schlage aus einem spontanen Impuls heraus vor, dass sie morgen am roten Tisch sitzen darf, während ich im Lernraum auf und ab gehen kann, wie ich will. So kann ich ihr einerseits Texte diktieren, andererseits kann sie mir aber auch Passagen aus einem Buch vorlesen oder einzelne Zettel schneller finden. Außerdem meldet sich noch ein junger Herr, der sich um das rote Regal in der Schulbibliothek kümmern will. Die übrigen Helfer werden sich wieder in der Nähe aufhalten und können im Zweifelsfall einspringen.

Abschließend will ich von meinen Helfern noch wissen, ob ich am Ablauf direkt vor der Prüfung noch etwas verändern soll. Sie versichern mir, dass ich alles genau so machen darf wie vor der Matheprüfung auch. Damit schicke ich uns alle wieder in den Feierabend.

Während ich am nächsten Tag in der Deutschprüfung sitze und wir alle darauf warten, dass wir beginnen dürfen, gehe ich ganz bewusst in meinem *Haus des Wissens* in den Lernraum.

Meine Helferin sitzt am roten Tisch. Sie steht praktisch in den Startlöchern, und ich erinnere uns beide noch einmal daran, dass ich auch heute zunächst alle Themenvorschläge durchlesen werde, bevor ich mich für einen entscheide. Meine Helferin nickt mir zu, die Lehrerin gibt die Klausur frei, und ich beginne zu lesen.

Ich kann wie erwartet aus drei Vorschlägen auswählen. Die ersten beiden Vorschläge behandeln typische Abiturthemen, Vorschlag drei stellt dagegen eine absolute Ausnahme dar. Hier soll ich zunächst einen Text vom Hessischen Landestheater analysieren, der sich mit der Thematik beschäftigt, wie man Thomas Manns »Die Buddenbrooks« als Theaterstück inszenieren kann. Danach soll ich selbst einen ähnlichen Text dazu verfassen, wie man Theodor Fontanes »Irrungen, Wirrungen« inszenieren könnte. Zuletzt soll ich mir dann noch eine Szene aus »Irrungen, Wirrungen« heraussuchen und quasi den Text eines Theaterstücks dazu schreiben – inklusive Regieanweisungen, Lichteinstellungen, Kostümbeschreibung etc.

In gewisser Weise liegt mir das Thema, da ich in der Oberstufe das Fach »Darstellendes Spiel« belegt hatte und wir dort ähnliche Aufgabenstellungen lösen mussten. Allerdings habe ich noch nie eine Deutschklausur in diesem Stil geschrieben, geschweige denn mir Gedanken darüber gemacht, wie man solche Klassiker auf die Bühne bringen könnte.

Völlig verwirrt starre ich auf den Aufgabenzettel. Das ist mein Thema, die beiden Werke habe ich sehr gerne gelesen. Ich spiele gern Theater, ich schreibe lieber neue Texte, anstatt andere zu interpretieren. Aber ich habe das so noch nie gemacht. Ist jetzt der richtige Moment, um zu improvisieren, oder verlasse ich mich lieber auf Kafka und bekanntere Gefilde, in denen sich die anderen beiden Aufgaben bewegen?

Mein hilfloser Blick hat die Lehrerin an meinen Tisch gelockt. Sie fängt an zu grinsen, als sie den Zettel in meiner Hand entdeckt. »Als ich die Aufgabe heute Morgen gelesen habe, musste ich an dich denken«, sagt sie einfach. Ich versuche, ihr meine Bedenken zu erklären, und sie gibt mir zu verstehen, dass ihr vollkommen klar sei, dass dies eine ungewöhnliche Aufgabe ist, sie mir das aber durchaus zutraue. Schließlich würde das Thema so gut zu mir passen, und das sei nicht zu unterschätzen. Bevor sie weitergeht, fragt sie noch: »Hast du denn Lust darauf, dich die nächsten vier Stunden mit diesem Thema zu beschäftigen?« Ja, das habe ich. Aber seit wann entscheidet man im Abitur danach, worauf man Lust hat?

Ich besuche in Gedanken meine Helferin am roten Schreibtisch. Hier hat sich etwas verändert. Sie hat einfach sämtliche Stapel beiseitegeschoben und sich so mehr Platz zum Arbeiten geschaffen. Vor ihr liegen nur zwei Bücher aufgeschlagen: »Die Buddenbrooks« und »Irrungen, Wirrungen«. Daneben ein leeres Blatt Papier und ein roter Stift – weiter nichts. Sie grinst mich einfach nur fröhlich an. Ich kann zwei Aussagen in ihrem Blick lesen: »Stell dich nicht so an!« und »Ich bin so weit. Können wir jetzt endlich anfangen?«. Unwillkürlich seufzend ergebe ich mich meinem Schicksal. Wenigstens glauben zwei kompetente Damen an mich, und ich habe Lust darauf. Also los!

Nachdem die Entscheidung getroffen ist, fliegt mein roter Stift nur so über das Papier. Ich vergesse alles um mich herum und stürze mich voll in die Aufgabe. Die Zeit vergeht schneller als gedacht, ich schaffe es aber, die Szene in Ruhe zu Ende zu schreiben und vor Abgabe noch einmal meinen gesamten Text von vorne bis hinten durchzulesen und kleine Korrekturen vorzunehmen. Pünktlich nach vier Stunden gebe ich meine Klausur ab. Hätte ich mir mit der Entscheidung am Anfang noch mehr Zeit gelassen, wäre es tatsächlich knapp geworden. Im Gehen fängt mich meine Lehrerin ab, um zu fragen, wie es gelaufen ist. Na ja, eigentlich ganz gut, muss ich zugeben. Aber so richtig einschätzen kann ich es nicht. Sie gibt mir noch die Information mit auf den Weg, dass ich mich als Einzige für diesen Aufgabenvorschlag entschieden habe. Alle anderen haben entweder das Gedicht oder Kafka behandelt. Nun wird sich zeigen müssen, ob sich meine ungewöhnliche Entscheidung gelohnt hat.

Nicht aufgeben!

Nachdem auch die Englischprüfung trotz kleinerer Hürden gut verlaufen ist, bekommen wir am Ende des Schuljahres unsere Zeugnisse sowie die Ergebnisse der schriftlichen Abiturprüfungen. Meine Noten sind sogar deutlich besser, als ich es erhofft hatte. *Unwillkürlich muss ich an meine Helfer denken, die mich allesamt schelmisch angrinsen. Ja, schon klar, ihr habt es die ganze Zeit gewusst. Die Entscheidungen waren richtig, und der Aufwand hat sich gelohnt. Plötzlich rücken Gesamtnoten fürs Abitur in erreichbare Nähe, von denen ich nicht einmal geträumt hätte. Danke an meine Intuition und danke an meine Helfer, dass sie mich darin bestärkt haben, mutig zu sein!*

In der Vorbereitung auf die beiden mündlichen Prüfungen betrete ich nach längerer Zeit mal wieder mein Haus des Wissens. In den letzten Wochen habe ich es ein wenig vernachlässigt. Umso gespannter bin ich, wie es heute wohl aussehen mag.

Ich nehme die letzten Stufen auf der Treppe nach oben und blicke in meinen Lernraum. Die drei Schreibtische sind noch da, auch wenn sie mittlerweile komplett leer sind. Keiner der Helfer ist zu sehen. Ich beschließe, dass ich diese Schreibtische so nicht mehr brauche, und lasse einen von ihnen verschwinden. Die anderen beiden werden in neue Farben getaucht – nun gibt es einen gelben Tisch für Biotechnologie und einen braunen Tisch für Geschichte – für die beiden Fächer der mündlichen Prüfungen. In diesem Moment betritt eine meiner Helferinnen den Raum. »Schön, dass du mal wieder vorbeischaust!«, sagt sie lächelnd. Ich muss gar nicht erklären, was ich vorhabe – durch die Tür der Schulbibliothek kommt schon ihr Bruder gelaufen. Er balanciert einen Stapel mit gefährlich schwankenden gelben Büchern auf dem Arm. Irgendwie gelingt es ihm trotzdem, jedes einzelne Buch sicher auf dem gelben Schreibtisch zu platzieren, und er beginnt sofort damit, sie ordentlich zu verteilen. Da kommt auch schon ein weiterer Helfer mit einem kleineren, braunen Bücherstapel aus der Schulbibliothek. Auch er macht sich freudig an die Aufgabe, den braunen Schreibtisch passend einzurichten. »Wir haben quasi nur auf dich gewartet«, sagt meine Helferin.

Nachdem alle Bücher und Zettel auf dem gelben Tisch verteilt sind, muss ich feststellen, dass es dort noch ziemlich leer aussieht. Mein Helfer schaut mich fragend an. Ja, wir brauchen noch mehr Unterstützung. Ein wichtiges Thema der Prüfung wird DNA sein, die Grundlage des menschlichen Körpers sozusagen. Ich muss sie mit all ihren Bestandteilen zeichnen können. Also hängen wir um den Schreibtisch herum Bilder mit der Strukturformel der Desoxyribonukleinsäure auf. Viel mehr können wir an dieser Stelle nicht tun. Es gibt wieder einen zweiten Experten für das gelbe Regal, und alle anderen Helfer stehen bereit. Ich habe diesmal trotzdem ein mulmiges Gefühl. Auf diese Prüfung bin ich definitiv am schlechtesten vorbereitet.

Mein Experte und ich zucken mit den Schultern. Egal wie, wir müssen da jetzt durch.

Es ist der Morgen vor der mündlichen Biotechnologieprüfung. Ich ändere wieder einmal nichts am Ablauf und begebe mich in die Schule.

Im Prüfungsraum händigt mein Lehrer mir den Aufgabenzettel aus. Wir gehen die Aufgaben kurz durch, ob ich zu den Aufgabenstellungen irgendwelche Fragen habe, dann lässt er mich allein. Ich habe 20 Minuten Zeit, mir Gedanken darüber zu machen, dann werden die Prüfer hineinkommen und ich muss meine Ergebnisse vorstellen.

Eigentlich gibt es keine großen Überraschungen. Ich mache mir Notizen und gehe eine Aufgabe nach der anderen durch.

Mein Helfer am gelben Schreibtisch legt dabei fleißig die Ordner und Bücher zurecht, die gebraucht werden, alles andere verschwindet wieder von dem Arbeitsplatz.

Doch bei einer der Aufgaben komme ich ganz gewaltig ins Stocken. Im Unterricht haben wir spezielle DNA, die sogenannten Plasmide, aus Bakterien isoliert, verändert und dann die veränderten Plasmide wieder in Bakterien eingesetzt. Danach haben wir das Ergebnis beobachtet und analysiert. Meine Aufgabe ist nun, den Mechanismus zu beschreiben, wie wir die veränderten Plasmide eingeschleust haben. Welche Arbeitsschritte haben wir durchgeführt, was ist dabei passiert etc.?

Das Problem ist nur, dass ich daran absolut keine Erinnerung mehr habe. Ich fange an zu grübeln: Wie haben wir das gemacht? An alle anderen Arbeitsschritte kann ich mich erinnern, auch an das Endergebnis, aber dieser Schritt fehlt einfach.

Ich frage meinen Helfer im gelben Raum: »WAS HABEN WIR DA GEMACHT?« Er blättert wild in seinen Unterlagen, sein Bruder springt aufgeregt vor dem gelben Regal hin und her. Nach kurzer Zeit ist aber klar: Wir haben diese Information nicht. Es gibt sie nicht in unserer Bibliothek!

Großartig! Mit Mühe und Not versuche ich, mich auf die anderen Aufgaben zu konzentrieren. Es gelingt mir eher schlecht, und kurz darauf erscheinen meine Prüfer. Jetzt kann ich sowieso nichts mehr ändern, und wir fangen an. Die ersten Aufgaben gelingen eigentlich recht gut. Ich kann Nachfragen beantworten, muss ein paar Mal kurz nachdenken, finde aber immer die richtige Antwort.

Irgendwann kommen wir dann zu der entscheidenden Frage. Bis dahin habe ich fleißig geredet und alles erzählt, was mir in den Kopf kam, doch jetzt herrscht eisiges Schweigen. »Tut mir leid, aber zu dieser Frage fällt mir ehrlich gesagt nichts ein.« Verwunderte Blicke der Prüfer. »Was meinst du damit?« »Ich kann mich an sämtliche Arbeitsschritte erinnern, aber nicht daran, wie wir die Plasmide wieder eingesetzt haben. Wann haben wir das denn gemacht?« »Na, am Projekttag.« Na klar, der Projekttag. Den hat es irgendwann in der Jahrgangsstufe 13 gegeben. Allerdings habe ich daran nicht teilgenommen. »Da war ich nicht da.« Ein hilfloser Blick meines Prüfers. Ich sehe ihm an, dass ihm das nicht bewusst war, er jetzt aber auch schlecht sagen kann, dass wir die Aufgabe dann auslassen. »Vielleicht darf ich Ihnen erzählen, wie wir die Plasmide entnommen haben?« Das ist natürlich nicht die Fragestellung, aber es überbrückt das Schweigen.

Also erzähle ich den Herrschaften von einem anderen Arbeitsschritt. Danach geht es mit den folgenden Aufgaben weiter, und irgendwann ist auch diese Prüfung vorbei. Es kommt mir so vor, als hätte nicht nur ich einen zerknirschten Gesichtsausdruck. Diesen Ausgang hat sich keiner gewünscht, und ich verabschiede mich innerlich von meinem Traumergebnis.

Punkt, Punkt, Komma – Schlussstrich!

Wenigstens läuft die zweite mündliche Prüfung wesentlich besser. Hier habe ich mich für eine Präsentation entschieden, und meine Erfahrungen im Theaterspiel machen es mir leichter, einen vorher einstudierten Text vorzutragen. Auch die Nachfragen am Ende der Prüfung kann ich einigermaßen souverän beantworten und bekomme positive Rückmeldungen.

Um die Ergebnisse meiner mündlichen Prüfungen zu erfahren, begebe ich mich zum Oberstufenleiter. Die Aufregung wird immer größer, doch mein Lehrer begrüßt mich mit seiner gewohnt ruhigen Art und einem warmen Lächeln, sodass ein großer Teil der Anspannung von mir abfällt. Er hat vor sich am Computer meine gesamten Noten aus der Oberstufenzeit geöffnet. »Ich hab deine Punkte mal eingegeben, das sieht ja alles ganz schön gut aus! Deine Präsentation in Geschichte lief super, da gibt es wirklich nichts zu meckern. Außerdem hab ich auch schon das Ergebnis von deiner Biotechnologieprüfung. Du bekommst dafür 10 Punkte!«

In meinem Kopf muss ich diese Informationen erst einmal sortieren. 10 Punkte, trotz großer Lücke und obwohl ich eine komplette Frage nicht beantworten konnte! Dann muss der Rest ja gut gelaufen sein. Plus einer richtig guten Präsentation in Geschichte, das bedeutet ... ich habe einen Notendurchschnitt erreicht, mit dem ich vor wenigen Wochen nicht einmal ansatzweise gerechnet hätte. Trotz mutiger Entscheidungen – oder gerade deswegen – und trotz einiger Lücken stehen mir nun alle Türen offen. Der Aufwand war also weder zu groß, noch zu gering – er war einfach genau richtig!

Am nächsten Morgen öffne ich die Augen – und das Ergebnis ist immer noch real. Noch bevor ich aufstehe, besuche ich mein *Haus des Wissens*, um dieses Kapitel ganz bewusst abzuschließen.

Die Schreibtische stehen noch genauso da, wie ich sie verlassen habe. Diesmal sammle ich selbst die Zettel, Ordner und Bücher ein und bringe sie in die Schulbibliothek. Auf dem Rückweg sehe ich, dass der Pausenraum meiner Helfer offen steht und gehe hinein. Die Geschwister sitzen um den großen Tisch, und ich kann ihnen die Erleichterung deutlich ansehen. Vor ihnen steht eine Flasche Sekt, und an den geröteten Wangen kann ich erkennen, dass es nicht unbedingt die erste ist. Mittlerweile habe ich verstanden, dass ich nichts sagen muss. Ich denke einfach nur daran, wie dankbar ich ihnen bin, wie viel Mut mir die Arbeit mit ihnen gemacht hat und wie gut ich mich auf jeden Einzelnen von ihnen verlassen konnte. Ich weiß einfach, dass ich die Prüfungen ohne das Haus des Wissens und meine Helfer nicht so hinbekommen hätte. Vor allem wäre es mir sehr viel schwerer gefallen, mich auf die abenteuerlichen Aufgabenstellungen einzulassen oder eine nahezu perfekte Präsentation abzuliefern. Ich grinse meine Helfer an und schicke ihnen nonverbal noch einmal meinen Dank. Dann verlasse ich den Pausenraum. Sie dürfen ganz unter sich ihren eigenen Sieg feiern.

Zurück in der Schulbibliothek betrachte ich noch einmal die vielen bunten Regale vor mir. Kaum zu glauben, aber diese Etappe ist nun endgültig vorbei! Gestern noch herrschte hier wildes Treiben. Ich werde nie wieder in die Schule gehen. Die letzten 13 Jahre an Schulwissen – der erste Buchstabe, die Strukturformel der DNA, das Notenlesen – all das ist hier gespeichert. Wieder reicht ein Gedanke und die unterschiedlichen Farben verschwinden von den Buchrücken ebenso wie die Schilder von den Regalen, sodass sich die Bücher jetzt von Weitem wieder sehr ähnlich sehen. Ich bringe es noch nicht übers Herz, sie aus diesem Raum zu entfernen, aber irgendwann wird jedes dieser Bücher seinen eigenen Platz in der großen Hogwarts-Bibliothek finden.

Ganz bewusst gehe ich die Treppe hinunter und stehe vor meinem Haus des Wissens. Von außen hat sich nichts verändert, es sieht noch genauso schief und sympathisch aus wie am ersten Tag. Trotzdem ist einiges anders als vorher, man kann es nur von hier aus nicht erkennen. Doch es hat definitiv einen weiteren Sturm überstanden, und wenn ich es so betrachte, dann weiß ich einfach, dass es auch noch viele weitere überstehen wird. Mit diesen Gedanken laufe ich um das Haus herum, durch die Hecke hindurch und lege mich in meine Hängematte. Jetzt habe ich mir wirklich eine Pause verdient, und so schnell holt mich hier auch niemand mehr raus.

Das letzte Buch

Es ist Samstagabend. Ich stehe auf der großen Bühne in der reich geschmückten Sporthalle der Schule. Dort unten sitzen viele stolze Eltern und Geschwister, Lehrer und Freunde, die uns in den letzten 13 Jahren begleitet haben. Es wurden schon einige Reden zum Thema »Erwachsenwerden« gehalten. Man sinnierte über die Zukunft und dass wir nun getrennte Wege gehen werden. Es gibt emotionale, aber auch lustige Momente, und es liegt ein Kribbeln in der Luft. Es ist wirklich so, wie immer behauptet wird: Ich gehe mit einem lachenden und einem weinenden Auge.

Nach und nach werden unsere Namen genannt und jeder geht einzeln nach vorne, um sein Zeugnis entgegenzunehmen. Genau auf diesen Moment habe ich so lange hingearbeitet. Hat es sich gelohnt? Definitiv. Es fühlt sich noch besser an, als ich es mir vorgestellt habe. Jede einzelne Minute Vorbereitung hat sich allein für dieses Gefühl gelohnt. Ich kann all das mitnehmen, was mir wichtig ist, meine Bücher stehen bereit und werden auch in Zukunft in meiner Bibliothek verfügbar sein.

Doch in diesem Moment befindet sich ein ganz besonderes Buch auf dem Weg an einen ganz besonderen Ort. Es fliegt vorbei an den vielen anderen Regalen der Bibliothek, vorbei an der strengen Bibliothekarin, hoch auf die gemütliche Galerie. Es schwebt eine Weile durch die Gänge, um sich dann einen passenden Platz im Regal zu suchen und sich lautlos in eine Lücke zwischen zwei anderen Büchern zu schieben. Es fühlt sich so an, als hätte diese Lücke schon lange darauf gewartet, gefüllt zu werden. Nachdem sich das Buch nahtlos darin eingefügt hat, erscheint ein einzelnes Wort auf seinem Rücken: »Abitur«. Hier sind die Erinnerungen an diese Zeit festgehalten, und hier werden sie auch in vielen Jahren noch zu finden sein.

3 Das *Haus des Wissens* in der therapeutischen Arbeit

Im folgenden Kapitel wird die therapeutische Arbeit mit dem *Haus des Wissens* beschrieben. Während der Einrichtung des Hauses und im täglichen Gebrauch können verschiedene Situationen auftreten, die eine therapeutische Intervention erfordern. Dabei möchte ich zunächst auf das Thema Prüfungsangst und Ressourcenarbeit eingehen. Im zweiten Teil des Kapitels wird dann der Umgang mit sogenannten Widerständen und Lernblockaden erläutert.

3.1 Prüfungsangst

Das Thema Prüfungsangst ist sehr umfangreich. In diesem Buch soll vorrangig eine Lernstrategie vermittelt werden. Ängste sind zunächst einmal vom Lernen unabhängig zu betrachten.

Sofern die Angst in einer Prüfung durch die Unsicherheit besteht, ob man auf das Erlernte überhaupt zugreifen kann, ergibt sich durch das *Haus des Wissens* automatisch eine Besserung. Sobald der Prüfling durch diese Lernstrategie einen direkteren Zugriff auf den Lernstoff hat, gewinnt er an Sicherheit.

Wenn es sich allerdings um massivere Ängste handelt, so ist die Unterstützung durch einen Therapeuten notwendig.

3.1.1 Psychotherapeutische Arbeit

Handelt es sich um ein manifestes Angstsyndrom, so wird jeder Therapeut die ihm vertrauten Techniken anwenden.

Im *Haus des Wissens* haben sich bei Angststörungen durch traumatische Erlebnisse die Tresor- und die Kinotechnik bewährt (Reckert 2009). Diese Methoden können während der Arbeit mit dem *Haus des Wissens* sehr gut auf die imaginäre Ebene übertragen werden. Da es durch diese Imagination bereits zu einer ersten Dissoziation gekommen ist, werden die weiteren Schritte erleichtert. Eine therapeutisch zu nutzende Kinoleinwand kann im *Haus des Wissens* an jeder beliebigen Stelle aufgebaut werden.

3.1.2 Ressourcenarbeit

Ressourcen sind extrem wichtig und können für Prüfungen hervorragend utilisiert werden. Hierzu müssen sie aber erst einmal wahrgenommen werden. Sie können gemeinsam mit dem Prüfling sammeln:

- Beispiele für positive Erlebnisse bei Prüfungen oder Auftritten:
  - Fahrradprüfung
  - Sportprüfungen (Schwimmabzeichen, Reitabzeichen ...)
  - Sportturniere
  - Musikdarbietungen

- Beispiele für Fähigkeiten aus anderen Bereichen:
  - zeichnen, malen
  - musizieren
  - Computertechnik
  - Computerspiele
  - soziales Engagement

Alle vorhandenen Fähigkeiten können verankert (s. Kap. 2.11.2 »Anker setzen«) und auf die Prüfung übertragen werden. Auch die verankerte Ressourcenfarbe wird für die Prüfung gezielt genutzt (s. Kap. 2.9.4 »Der Ressourcenraum«).

3.1.3 CD-Aufnahmen vor Prüfungen

Wenn es für Sie und Ihren Prüfling passend ist, können Sie verschiedene CDs erstellen, die Sie individuell für den Prüfling aufsprechen. Hierfür benötigen Sie einige Informationen aus dem Alltag ihres Prüflings:

- Was genau machst du am Tag vor der Prüfung?
  - wiederholen von …
  - Tasche packen mit …
  - Abendessen
  - noch mal mit Freunden oder Familie reden

- Was genau passiert am Prüfungstag?
  - Mahlzeiten
  - Kontakt zu anderen
  - Lernstoff nochmals wiederholen

- Wann genau beginnt für dich die Prüfung?
  - erst im Prüfungsraum
  - nach dem Aufwachen
  - beim Anblick des Prüfers
  - beim Betreten des Schulgebäudes

Es geht darum herauszufinden, in welchen negativen Mustern der Prüfling festhängt. Diese Muster gilt es in der Zukunft zu unterbrechen. Vielen Lernenden ist nicht bewusst, dass für sie die belastende Prüfungssituation schon viel früher beginnt als beim eigentlichen Testat.

Um eine ganz individuelle Aufnahme zu erzeugen, sollten Sie sich im Vorgespräch ausführlich über die bisherigen Prüfungen informieren. Durch die von Ihnen erstellten Texte begleiten Sie den Prüfling in Zukunft bei seinen neuen Abläufen.

Die Bilder aus dem *Haus des Wissens* können ganz individuell einbezogen werden. Beliebt ist eine Tonaufnahme, die am Vortag einer Prüfung unterstützend wirkt. Sie führt den Prüfling in seine Lern- und Arbeitsräume und hilft ihm, alles für die Prüfung vorzubereiten.

Über die Arbeit mit dem *Haus des Wissens* hinaus können CDs mit folgenden Inhalten hilfreich sein:

- Entspannungs-CD:
  - Imagination eines sicheren Ortes
  - Achtsamkeit
  - Körperentspannung
  - Erlaubnis, Pausen einzulegen
  - Auftanken

- Motivations-CD:
  - die Ziele des Prüflings berücksichtigen
  - Ressourcen einbringen
  - die Zukunftsvision des Prüflings nutzen

- Prüfungs-CD:
  - genauer Ablauf vor der Prüfung mit allen Verankerungen
  - positive Motivation
  - Zielbild

Durch das Anhören der Aufnahmen werden die Veränderungen, die in der gemeinsamen Arbeit besprochen wurden, nochmals intensiviert. Dies erleichtert das mentale Training zu Hause und ermöglicht eine Automatisierung. Viele Prüflinge empfinden diese CDs als große Unterstützung.

Das Ziel dieser Prüfungsvorbereitungen sollte sein, dass sich der Lernende seiner Stärken bewusst wird. Er lernt wahrzunehmen, dass sein erlerntes Wissen auch abrufbar ist. Indem der Prüfling das *Haus des Wissens* nutzt, fühlt er sich deutlich sicherer. Er hat von Mal zu Mal schnelleren Zugriff auf das Erlernte und kann sich besser konzentrieren. Dank dieses ritualisierten Mentaltrainings wird die Fokussierung auf das Wesentliche unterstützt.

Praxis

Individuelle Bilder des Prüflings sollten in die Aufnahme integriert werden. Hier einige Beispiele dafür, wie man die Vorbereitung auf eine Prüfung im *Haus des Wissens* am Vorabend unterstützen kann:

»... und wenn du in deinem Haus an dem zentralen Arbeitsplatz sitzt, kannst du noch einmal alles überprüfen:

- *... sind alle überflüssigen Zettel und Hefte ins Regal geräumt?*
- *... sind alle Schreibtische vorbereitet?*
- *... steht dein Netzwerk zwischen allen beteiligten Lernräumen?*
- *... sind alle Helfer mit der Vorbereitung zufrieden?*

Wenn du alle Vorbereitungen getroffen hast, kannst du ganz beruhigt schlafen gehen.«

Für den Prüfungstag kann der Text den geplanten Ablauf des Prüflings skizzieren und zahlreiche positive Suggestionen beinhalten:

- *»Heute ist es endlich so weit. Du möchtest dieses Mal eine Scheibe Toast frühstücken und danach ausgiebig duschen. Während du das Wasser auf deinem Körper spürst, wirst du automatisch in dein Haus des Wissens gehen. Dort ist schon alles sehr gut vorbereitet ... Du siehst in deinem Informatikraum alles, was du brauchst. An der Wand hängen die besonders wichtigen ...«*
- *»Wenn du dieses Mal zu Fuß die zwei Straßen zu dem Anatomiegebäude läufst, so wirst du mit jedem Schritt ruhiger werden und in deinem Anatomieraum im Haus des Wissens deinen Helfer sitzen sehen ...«*
- *»Sobald du den Prüfungsraum betrittst, nimmst du in deinem blauen Raum auf dem Stuhl Platz und hast alles zu Verfügung, was du in den letzten vier Wochen gelernt hast ...«*
- *»Wenn dein Prüfer Herr ... den Raum betritt, wirst du dieses Mal tief einatmen und ganz in deinem blauen Raum sein ...«*

Auch hier ist wieder alles möglich. Ich nehme in einer Sitzung genau das auf, was für den Prüfling hilfreich ist. Schüler benutzen auch gerne ihr Handy, um diese Zusammenfassung direkt mitzuschneiden.

3.2 Widerstände und Lernblockaden

Wenn Schüler und Erwachsene zum Thema Lernen und Prüfungen Hilfe suchen, dann haben sie in der Regel irgendein Problem. Bei Schülern kann es sich einerseits um Schwierigkeiten beim Lernen handeln, andererseits bestehen ebenso wie bei Erwachsenen häufig Blockaden vor und in Prüfungen.

Die Ursachen für solche Probleme sind sehr vielfältig. In der Anfangsphase gilt es, sich einen Überblick zu verschaffen, welche Unterstützung sinnvoll ist. Daher ist das Vorgespräch sehr wichtig.

Dazu können bei Kindern auch die Eltern mit eingeladen werden (s. Kap. 2.1.1 »Das Vorgespräch«).

In dieser Kennenlernphase ergeben sich meist schon Hinweise auf die Ursachen der beschriebenen Schwierigkeiten. Zum einen kann es sich um Reaktionen auf Auslöser im Umfeld des Kindes handeln, zum anderen werden eher Konzentrations- und Denkblockaden geäußert. Diese Unterschiede können als »Widerstände im Außen« und »Widerstände im Innern« bezeichnet werden. Mischbilder sind natürlich ebenso möglich, wenn es sowohl Ursachen im Umfeld als auch im Innern gibt.

In einzelnen Fällen kann sich im Verlauf auch herauskristallisieren, dass es ein psychisches Problem gibt, das unabhängig von Schule und Lernen besteht. Sollten bei einem Schüler deutliche Hinweise auf ein ADS (Aufmerksamkeitsdefizit-Syndrom), eine Depression oder eine andere psychische Erkrankung vorliegen, so ist die Vorstellung bei einem Kinder- und Jugendpsychiater sinnvoll.

3.2.1 Widerstände im Außen

Im Verlauf der Gespräche kann sich ergeben, dass ein Kind nicht optimal lernen kann, weil die äußeren Bedingungen ungünstig sind. So gibt es viele Faktoren, die sich negativ auswirken können. Es seien hier nur einige Beispiele genannt:

- ungünstiger Arbeitsplatz
- fehlende Ruhe durch Störgeräusche
- zu viel Aufmerksamkeit (Kontrolle) durch Eltern
- zu wenig Unterstützung durch Eltern
- zu viel Fernsehen, Computerspiele, Handynutzung und Ähnliches
- Kummer und Sorgen

Es ist sehr wichtig, dass diese und ähnliche Themen geklärt werden. Daran kann man sowohl mit dem Kind alleine als auch systemisch mit der Familie arbeiten. Die therapeutischen Schritte gehen jedoch über den Inhalt dieses Buches hinaus.

3.2.2 Widerstände im Innern

Bei Widerständen im Innern gilt es zu unterscheiden, ob sich diese gegen das Lernen selbst oder gegen die gemeinsame Arbeit richten.

Der Übergang ist häufig fließend. Diese Formen des Widerstands entstehen im Lernenden selbst und sind zunächst von äußeren Faktoren unabhängig.

3.2.2.1 Widerstände gegen die Arbeit mit dem *Haus des Wissens*

Trotz Vorgespräch kann es durchaus sein, dass ein Schüler bewusst oder unbewusst eine Abneigung gegen die gemeinsame Arbeit mit dem *Haus des Wissens* hat. Sowohl die anleitende Person als auch das Behandlungsangebot selbst können für diesen Schüler oder Erwachsenen einfach unpassend sein. Wenn dies durch das Vorgespräch bewusst wird, kommt keine Zusammenarbeit zustande. Es ist sehr wichtig, diese Möglichkeit immer wieder zu bedenken und ehrlich zu sich selbst zu sein. Weder kann eine Methode jeden Menschen ansprechen, noch kann man als Person allen Menschen sympathisch sein.

Da die meisten Schüler psychisch kerngesund sind, liegt zunächst die Frage nahe: »Möchtest du überhaupt mit dieser Methode ›*Haus des Wissens*‹ und mit mir als Anleitende arbeiten?« Manchmal denken nur die Eltern, dass das *Haus des Wissens* für ihr Kind als Lernstrategie geeignet sein müsste. Sie haben aber leider vergessen zu erfragen, ob das Kind dies genauso sieht. Das sollten Sie nachholen, sobald Ihnen Zweifel kommen, ob der Schüler überhaupt einen Handlungsbedarf sieht. Erst wenn eine gesunde Abneigung als Widerstand ausgeschlossen wurde, sollte über andere Ursachen des Widerstands nachgedacht werden.

Bei Personen, die Schwierigkeiten haben, innere Bilder aufzubauen, wird dies relativ rasch deutlich. Mit ihnen kann man auf bewusster Ebene mit anderen Verfahren arbeiten.

Auch wenn sich ein Schüler oder Erwachsener bewusst für die Arbeit mit dem *Haus des Wissens* entschieden hat und die Phase der Anlaufschwierigkeiten (s. Kap. 2.1.2 »Vorbereitung auf die Arbeit mit inneren Bildern«) eigentlich vorüber sein sollte, stockt es manchmal trotzdem. An jeder Stelle der gemeinsamen Arbeit können Widerstände auftreten. Damit ist irgendeine Form der inneren Gegenwehr gemeint. Diese kann sowohl technisch als auch inhaltlich sein. Alle Widerstände sind eine Art Schutzmaßnahme des Lernenden und können auf ein tiefer liegendes Problem hinweisen. Dieses natürliche Phänomen kennen Therapeuten aus ihrem Alltag. Widerstände sind therapeutisch sehr hilfreich, da sie schnell auf Ursachen für Probleme hinweisen können. Sie zeigen den Therapeuten und Klienten damit den Weg zur Lösung.

Praxis

Einige Beispiele, wie sich Widerstände äußern können:

- verpasste Termine oder gehäufte Absagen
- »Ich sehe keine Wiese.«
- »Ich sehe gar keine Bilder.«
- »Ich finde kein Haus des Wissens.«
- »Ich kann nicht in mein Haus hineingehen.«
- »Meine Bilder verschwimmen immer sofort.«

Wenn der Weg ins *Haus des Wissens* bereits ein Problem darstellt, stehen andere Themen im Vordergrund. Es gibt viele Möglichkeiten, mit diesen Widerständen zu arbeiten. Welche Form gewählt wird, ist individuell vom Therapeuten und auch vom Klienten abhängig. Die Beschäftigung mit einer Lernstrategie tritt dann zunächst in den Hintergrund.

Massivere Widerstände können somit auch einmal einen Hinweis auf psychische Probleme darstellen. Sich mit diesen zu beschäftigen gehört in die professionelle Hand von Lern- oder Psychotherapeuten.

3.2.2.2 Widerstände gegen das Lernen/Lernblockaden

Die Widerstände gegen das Lernen an sich können in diesem Zusammenhang als Lernblockaden bezeichnet werden. Es gelingt oftmals sehr gut, diese Blockaden im *Haus des Wissens* zu lösen.

Wenn ein Schüler zunächst sein Haus aufgebaut hat, beginnt er, im Alltag damit zu arbeiten. Nun können bei einigen Schülern Probleme während des Lernens zu Hause oder in der Schule auftreten. Hier ein paar typische Beschreibungen:

- »Ich kann mich nicht konzentrieren.«
- »Ich kann mir das alles nicht merken.«
- »Ich finde keinen Anfang.«

Da solche Beschreibungen sehr unspezifisch sind, ist es wichtig zu verstehen, was in dem Schüler vorgeht. Bitten Sie ihn zunächst zu beschreiben, wann genau seine Blockaden im Alltag auftreten. Anschließend können Sie ihn dazu einladen nachzusehen, was gleichzeitig in seinem *Haus des Wissens* geschieht.

Um zu erkennen, was im *Haus des Wissens* passiert, während sich im Alltag eine Blockade bemerkbar macht, können Sie auch diesen Zustand symbolisieren lassen. Hierzu laden Sie den Lernenden ein, in seinem *Haus des Wissens* eine Leinwand aufzubauen. Auf dieser soll der sogenannte »innere Filmvorführer« einen Film ablaufen lassen, der zeigt, was während der äußeren Blockade auf dieser Ebene passiert ist. Den Begriff des inneren Filmvorführers zu erläutern ist in der Regel nicht notwendig.

Der ablaufende Film zeigt symbolisch, was im Innern während einer Konzentrationsstörung, einem Blackout oder einer anderen Reaktion passiert.

Praxis

Ein Beispiel soll dies verdeutlichen:

Fallbeispiel: Verhaltenstherapie im *Haus des Wissens*

Marco, 16 Jahre alt, beschreibt sein Problem folgendermaßen:

»Ich gehe in mein Zimmer, um Hausaufgaben zu machen, und finde keinen Anfang. Ich mache alles Mögliche, nur nichts für die Schule.«

Marco hat selbst keine Erklärung, woran es liegen könnte.

S. F.: *»Ich lade dich jetzt ein, in dein Haus des Wissens zu gehen. Nun bitte deinen inneren Filmvorführer, den Film von den letzten Hausaufgaben ablaufen zu lassen. Was ist hier passiert, während du deine Hausaufgaben machen wolltest?«*

Marco sieht sich zunächst ganz normal in sein Haus hineingehen. Er geht in den Matheraum, da er mit Mathe beginnen will. Dort setzt er sich auf den Stuhl und holt sein Handy heraus. Dieses Bild entsteht sofort ohne Verzögerung.

MARCO: *»Ich sitze da und tippe auf dem Handy herum.«*

Er beschreibt, dass er das Handy immer auf lautlos gestellt habe und während der Hausaufgaben auf keinen Fall telefoniere. Es liege eigentlich nur am Rand des Schreibtischs. An diesem Tag sei es Zufall gewesen, dass er gleich noch eine Nachricht auf dem Handy zu schreiben hatte.

S. F.: *»Ja, dann ist verständlich, dass du an diesem Tag keinen Anfang gefunden hast. Dann frag doch bitte mal deinen Mathehelfer, was er dazu sagt.«*

MARCO: *»Er sagt, dass er hier gar nichts machen kann, wenn das Handy im Raum ist.«*

S. F.: *»Vielleicht kannst du ihn und deine anderen Helfer einmal fragen, welche Lösung sie für die Hausaufgaben vorschlagen. Für solche generellen Fragen ist eine Art Teambesprechung der Helfer sinnvoll.«*

Marco bittet seine Helfer in den Pausenraum zu einer Besprechung. Alle geben an, dass sie ihm beim Lernen nicht helfen können, wenn er mit dem Handy spielt oder chattet. Sie erklären Marco sehr deutlich, dass er auch während der Hausaufgaben sofort zum Handy schaue, wenn er den Vibrationsalarm wahrnehme. Seine Gedanken zu den Hausaufgaben seien ab diesem Moment komplett weg. So ginge das einfach nicht.

S. F.: »*Das klingt aber ganz schön hart, was deine Helfer da sagen. Was sagst du denn dazu?*«

MARCO: »*Ja, das stimmt schon. Ich merke das aber gar nicht mehr. Es sind doch immer nur ganz kurze Pausen.*«

Es ist ganz wichtig, den Schüler selbst eine Lösung entwickeln zu lassen. Veränderungen, die aus eigenem Antrieb kommen, haben eine gute Chance, auch umgesetzt werden zu können.

S. F.: »*Dann besprich doch einmal mit deinen Helfern, wie es in Zukunft bei den Hausaufgaben aussehen könnte.*«

MARCO: »*Ich soll das Handy im Flur auf den Schuhschrank legen. Immer, wenn ich nach ungefähr 50 Minuten eine Pause mache, kann ich rausgehen und draufschauen.*«

S. F.: »*Kannst du das so akzeptieren?*«

MARCO: »*Ja.*«

Bei Marco hat dies hervorragend geklappt. Ihm war bewusst, dass seine Eltern bereits seinen Handygebrauch kritisiert hatten. Offensichtlich ist die Imagination dessen, was gleichzeitig im eigenen Kopf passiert, wesentlich beeindruckender als eine Kritik von außen. Gerade Kinder und Jugendliche sind bei solchen Bildern sehr ehrlich zu sich selbst. Ich wiederhole dann lediglich die eigenen Aussagen und rege an, dies abzuspeichern.

S. F.: »*Dann speicher das gut ab! Bei den Hausaufgaben bleibt nun bei dir zu Hause das Handy auf dem Schuhschrank liegen. Gleichzeitig kannst du auch im Haus des Wissens einen Platz finden, an dem du das Handy ablegst. So kannst du ab morgen bei den Hausaufgaben ohne dein Handy direkt in deinen entsprechenden Lernraum gehen. Deine Helfer sind dann wieder gerne bereit, dich zu unterstützen.*«

Das Beispiel verdeutlicht, wie bei dieser Arbeit die negativen Verhaltensmuster im Alltag auf die imaginäre Ebene übertragen werden. Dort werden dem Lernenden die Auswirkungen des eigenen Fehlverhaltens sehr deutlich vor Augen geführt. So kommt es zur sprichwörtlichen Selbsterkenntnis, welche sehr wirkungsvoll ist.

3.2.2.3 Sonstige Widerstände und Introjekte

Es kann natürlich auch Widerstände geben, die von Wissen und Lernen unabhängig sind, sich aber trotzdem im Lernalltag bemerkbar machen. Klassiker sind Widerstände aus den Bereichen:

- mangelnde Selbstfürsorge
- mangelndes Selbstbewusstsein
- Leistungsdruck
- Zeitdruck
- Traumatisierungen

Meistens zeigen sich diese Widerstände auch als innerer Anteil im *Haus des Wissens*. Sie können im weiteren Verlauf die Lernenden dazu einladen, mit den Widerständen zu kommunizieren.

Wenn bei der Filmvorführung auf der Leinwand deutlich wird, welcher widerständige Teil für das Lern- oder Prüfungsproblem zuständig ist, gilt es, mit diesem in Kontakt zu treten. Hierzu kann man einerseits direkt mit dem Teil auf der Leinwand verhandeln. Für andere Lernende ist es passender, diesen Teil im Jetzt einzuladen, im *Haus des Wissens* unabhängig von der Leinwand zu erscheinen. Oftmals beginnt die Kommunikation auf der Leinwand und wird automatisch ins Jetzt übertragen. Dies ist zwar nicht immer logisch, für die Problemlösung aber oft ganz unkompliziert umsetzbar.

Praxis

Fallbeispiel: Teilearbeit im *Haus des Wissens*

Ben, 17 Jahre, kommt in meine Praxis mit dem Problem, dass er zu Hause und in der Nachhilfe alles könne, doch in den Klassenarbeiten trotzdem schlechte Noten schreibe. Er sei dann völlig verunsichert und unruhig.

Das *Haus des Wissens* von Ben sieht anfangs sehr nüchtern aus und erinnert an eine Art Lagerhalle. Sein Wissen ist abgegrenzt in einem Teilbereich. Dort stehen mehrere Regale, und die Fächer sind in unterschiedlichen Bereichen einsortiert. In der Mitte steht ein Schreibtisch, der als Arbeitsplatz dient.

Ben sortiert zunächst die Bücher so um, dass sie für ihn übersichtlicher sind. Den einzelnen Fächern gibt er dann verschiedene Farben und streicht die Bücher entsprechend an. Das gefällt ihm schon einmal sehr gut.

Nun lasse ich ihn durch den inneren Filmvorführer die letzte Klausur auf dieser Ebene nacherleben.

S. F.: *»Bitte stell nun einmal eine Leinwand in diesem Raum auf. Dann bitte deinen inneren Filmvorführer, dir zu zeigen, wie es hier aussah, als du deine letzte Klausur geschrieben hast.«*

Nun beschreibt Ben, wie er an seinem Schreibtisch sitzt und mit der Klausur beginnt. Er wird hektisch, überblättert Seiten, reißt Blätter aus Versehen ein und liest seinen Text nicht richtig.

Ich bitte ihn, sich im Sinne der Teilearbeit (Watkins 1993; Fritzsche u. Hartman 2014) einmal zeigen zu lassen, ob es symbolisch einen inneren Teil gibt, der für sein Verhalten verantwortlich ist. Die Formulierungen sind immer dem Alter und Wortschatz des Schülers entsprechend zu wählen.

S. F.: *»Ich lade dich ein, den inneren Filmvorführer auf der Leinwand nun einmal zeigen zu lassen, ob es dort jemanden gibt, der für dieses Verhalten zuständig ist. So wie die Helferwesen symbolisch für die inneren Fähigkeiten stehen, kann es auch andere Figuren oder Wesen geben, die symbolisch für deinen Widerstand stehen. Lass dich überraschen!«*

Auf der Leinwand erscheint plötzlich ein Wesen, das wie ein Pokémon aussieht und wild herumspringt. Es grinst Ben breit an und wirft seine Blätter durch die Gegend, zerreißt sie teilweise und verbreitet ganz viel Unruhe.

Dieses Wesen symbolisiert einen inneren Widerstand. Es ist ein eigener innerer Anteil und als solcher nicht zu verdammen, sondern mit Respekt zu behandeln. Ich lasse Ben fragen, warum es so agiere. Das Pokémon weiß es nicht genau. Auf weitere Nachfrage erfährt Ben, dass es dies mache, seit Ben in der fünften Klasse in einem Vergleichsdiktat die schlechteste Note der Klasse geschrieben hatte. Für ihn handelte es sich um ein traumatisches Ereignis, da er in der Grundschule zu den besseren Schülern gezählt hatte.

Das Pokémon hielt es im weiteren Verlauf für hilfreich, dass Ben durch seine nach außen offensichtliche Blockade eine plausible Erklärung für seine schlechte Note hatte. Ben schien rehabilitiert, da er ja in seinen Klausuren hektisch wurde und nichts mehr zu Papier brachte, obwohl er genug gelernt hatte. Für das Pokémon galt: lieber eine Panikattacke als eine schlechte Note ohne ersichtlichen Grund.

Ich bitte Ben, dem Pokémon zunächst für seine gute Absicht zu danken. Dann gilt es, das Pokémon darüber aufzuklären, dass Ben inzwischen sehr unter diesen Panikattacken leidet. Dies macht das kleine Wesen sehr betroffen. Es glaubt Ben aber nicht, dass er inzwischen in der Lage ist, bessere Noten zu schreiben.

Daher empfehle ich Ben, nach einem weiteren inneren Anteil zu suchen:

S. F.: *»Nun könntest du einen Helfer einladen, der sich sehr gut mit deinem Wissen auskennt und genau weiß, was du alles kannst.«*

Es erscheint eine Figur, die wie Albert Einstein aussieht. Einstein verkündet sehr überzeugend, dass Ben sehr viel Wissen angesammelt habe. Er kenne sich da ausgesprochen gut aus. Ben muss schmunzeln und lädt auf meine Anregung Einstein und das Pokémon dazu ein, miteinander zu verhandeln. Daraufhin nimmt das Pokémon wahr, dass es als Störenfried überflüssig ist. Es lässt sich auf den Deal ein, in Zukunft Einstein zur Seite zu stehen und schnell Bücher aus den Regalen zu holen, die bei Klausuren noch gebraucht werden.

Ben kann so diesen Widerstand auflösen. Er nutzt das *Haus des Wissens* als Unterstützung und bleibt in den Klausuren ab sofort ruhig und konzentriert.

Mit dieser Technik lassen sich viele innere Widerstände, die sich auf das Lernen auswirken, im *Haus des Wissens* als innere Anteile imaginieren. Ihnen sollte stets wertschätzend begegnet werden. Durch Verhandlungen lassen sie sich in der Regel dazu bewegen, in Zukunft eher unterstützend als blockierend zu agieren. Da es sich bei dem Pokémon um einen eigenen inneren Teil handelt, der sich von innen heraus entwickelt hatte, sollte dieser nicht aus dem System »rausgeschmissen« werden. Er gehört zu Ben und verkörperte ursprünglich einmal seine bestmögliche Lösungsstrategie.

Vor allem bei älteren Schülern, Studenten und Erwachsenen beschreiben immer wieder einige, dass sie mit dem Lernstoff insgesamt überfordert sind. Sie beschreiben ein enormes Lernpensum und fühlen sich erschöpft und ausgelaugt. Im *Haus des Wissens* erscheinen dann meist völlig übermüdete Helferwesen, die ihre Unterstützung teilweise sogar schon aufgekündigt haben.

Sobald der Lernende mit diesen Helfern ins Gespräch kommt, kann er mit ihnen gemeinsam eine Lösung suchen. Sie signalisieren dann deutlich, wann die persönliche Grenze erreicht ist. In manchen Fällen gibt es aber einen antreibenden destruktiven Teil, der wie ein Sklaventreiber wirkt und den konstruktiven Teilen keine Ruhe gönnt. Mit diesem kann dann therapeutisch verhandelt werden.

Wenn es sich um ein sogenanntes **Introjekt** handelt, welches von außen gekommen ist und nicht verhandeln möchte, kann es in psychotherapeutischen Schritten wieder entlassen werden (Krüger u. Reddemann 2012).

4 Das *Haus des Wissens* in der Arbeit mit Gruppen

Das *Haus des Wissens* als Lernstrategie lässt sich auch in Gruppen vermitteln. Dies kann sowohl in einem schulischen Kontext als auch im Rahmen einer außerschulischen Lerngruppe sein. Die Arbeit mit dem *Haus des Wissens* in Gruppen unterscheidet sich in einigen Punkten von der Arbeit in Einzelsitzungen. Am wichtigsten ist dabei, dass stärkere Lernblockaden nicht in der Gruppe therapiert werden sollten. In einem solchen Fall ist es unumgänglich, eine direkte Rückmeldung des Lernenden zu erhalten und ihn ganz individuell durch seine Bilder führen zu können.

Wenn keine therapiebedürftigen Widerstände vorliegen, ist eine Gruppenarbeit durchaus möglich. Trotzdem sollte jeder Teilnehmer die Möglichkeit haben, jederzeit rückzumelden, wenn er Probleme hat.

4.1 Die Einführung

Bevor Sie beginnen, sollten Sie auch hier genau erklären, was Sie planen. Die Transparenz der Arbeitsschritte ist dabei sehr wichtig. Die Aufklärung erfolgt inhaltlich genauso wie in den Vorgesprächen zu Einzelsitzungen (s. Kap. 2.1.1 »Das Vorgespräch«).

Wichtig ist bei Gruppen der Hinweis, dass jeder Mensch auf seine eigene Art Bilder imaginieren kann. Ein offensichtlicher Unterschied besteht in der Frage, ob man die Augen schließt. Am Anfang ist es oft sehr irritierend, dass vor allem Kinder nicht nur mit offenen Augen imaginieren, sondern gleichzeitig auch noch herumhampeln können. Der Erfolg der Fantasiereisen oder ihres Kopfkinos ist davon völlig unabhängig. Dieses Phänomen beobachtet man bei Kindern sehr häufig auch im Alltag. Wer kennt nicht den verträumten Blick eines Kindes, das sich gerade gedanklich mit einem geplanten Schwimmbadbesuch beschäftigt, dabei plappernd erzählt, wer alles dort sein wird, während es mit seinen Händen und offenen Augen Legosteine zusammensetzt.

Es empfiehlt sich, Kindern verschiedene Positionen zu zeigen, in denen sie während der Gruppenarbeit sitzen können. Manche Kinder brauchen in den ersten Sitzungen eine Art Abschirmung gegen die anderen. Beliebt ist auch, den Kopf auf dem Unterarm abzulegen.

4.2 Die Anrede

Sobald eine Gruppe in eine Imagination geführt wird, muss der Anleitende die Sprache so wählen, dass er oder sie jeden erreicht. Viele Gruppenteilnehmer wünschen sich, während der Imagination nicht im Plural angesprochen zu werden. Sie sind alleine auf ihrer Wiese unterwegs und empfinden es als irritierend, wenn man sie mit »Ihr könnt nun ...« anspricht. Daher bietet es sich an, in der Imagination auf das »Du« zu wechseln und im Singular zu bleiben.

Die Erfahrung hat außerdem gezeigt, dass auch Erwachsene, die normalerweise in einer Therapie mit »Sie« angesprochen werden, sich bei derartigen Fantasiereisen mit dem »Du« wohler fühlen. Sofern Sie planen, während einer Imagination die Anrede von »Sie« auf »Du« zu wechseln, sollten Sie dies vorher kommunizieren.

4.3 Das Tempo

Wie immer richtet sich auch hier das Tempo der Gruppe zunächst nach dem Langsamsten. Bei Kleingruppen können Sie ein Zeichen verabreden, mit dem Ihnen signalisiert wird, dass ein Teilnehmer den angeregten Schritt gemacht hat. Das einfachste Beispiel ist dabei ein Kopfnicken. Sie können auch das Heben einer Hand oder eines Fingers vereinbaren. Sobald die Gruppe aber zu unübersichtlich wird, müssen Ihre Ausführungen für alle gültig sein, ohne dass eine Rückmeldung erfolgt.

Insgesamt ist es enorm wichtig, der Gruppe genug Zeit zu lassen, damit niemand das Gefühl bekommt, unter Druck zu stehen.

Sobald Sie wahrnehmen, dass einige Teilnehmer unsicher sind, sollten Sie unterbrechen, um Rückmeldungen zu sammeln. So können Sie eine Gruppe zunächst nur bis zu dem Punkt führen, an dem das Haus von außen betrachtet wird, und dann die Imagination pausieren lassen. Anschließend beschreiben alle Teilnehmer ihr *Haus des Wissens*. Daraufhin erklären Sie die nächsten Schritte und setzen die Imagination ohne Probleme fort.

Das Ein- und Aussteigen funktioniert völlig unkompliziert. Das plappernde Kind, das sich auf den Schwimmbadbesuch freut, kann zwischendurch ebenfalls sein Legobauwerk kommentieren und nahtlos weiterplanen, wie es heute das erste Mal vom Einmeterbrett springen möchte.

Vergessen Sie nicht, auf Widerstände einzelner Teilnehmer zu achten und im Zweifelsfall mit den Betroffenen alleine zu sprechen. Selbstverständlich sollten Probleme einzelner Mitwirkender ernst genommen und geklärt werden.

Praxis

Ziel ist es, viele Angebote zu machen und allgemeine Formulierungen zu wählen, damit sich jeder Teilnehmer individuell angesprochen fühlen kann:

»Nun lade ich dich ein, auf eine Wiese zu gehen. Du kannst ganz gespannt sein, wie deine Wiese aussieht. Vielleicht sind dort Blumen zu sehen, oder du nimmst in der Ferne Bäume wahr … (Pause). Manchmal sieht man auch Insekten oder Schmetterlinge … (Pause). Wenn du nun auf dieser Wiese vorangehst, kannst du vielleicht spüren, wie sich der Boden unter deinen Füßen anfühlt … (Pause).«

Gerade bei den allerersten Schritten ist Geduld sehr wichtig. Die Teilnehmer sollten genug Zeit haben, sich erst einmal einzufinden. Vor allem jüngere Kinder müssen ausprobieren, in welcher Haltung sie am besten ihr Kopfkino laufen lassen wollen.

Dann führe ich die Gruppe genauso wie den Einzelnen zum *Haus des Wissens*. Insgesamt gehe ich vor allem langsamer vor und pausiere häufiger. Bevor ich dazu einlade, in das gefundene *Haus des Wissens* hineinzugehen, gebe ich Nachzüglern die Möglichkeit, im eigenen Tempo zu folgen:

»Wenn du nun dein Haus des Wissens von außen betrachtet hast, wirst du irgendwo eine Tür finden … (Pause). Durch diese kannst du eintreten. Es kann aber auch sein, dass du noch auf der Wiese unterwegs bist. Dann können deine Ohren meine Worte hören und dein Unbewusstes speichert sie ab. Es wird dich dann in deinem eigenen Tempo einen Moment später in dein Haus des Wissens führen.«

Teilnehmer, die länger brauchen, fühlen sich durch solch einen Satz immer sehr erleichtert. Sie kommen dann tatsächlich mit einer Verzögerung nach und finden ebenso ihren Weg.

4.4 Der Schnelleinstieg

Inspiriert durch den Besuch eines Workshops von Martin Busch auf der Tagung »Mentales Stärken« 2014 entstand eine neue Idee für die Gruppenarbeit mit jüngeren Kindern. Die Tatsache, dass körperliche Aktivitäten die geistige Aufnahmefähigkeit unterstützen und verbessern, ließ sich ohne Probleme auf den Einstieg in das *Haus des Wissens* übertragen.

So entstand für Kinder, die bereits mit dem *Haus des Wissens* arbeiteten, der sogenannte Schnelleinstieg über einen gemeinsamen Spruch.

Praxis

Der Spruch:	**Die Bewegung:**
Das Haus des Wissens …	Die Arme zeigen den Rahmen eines Hauses.
… steht fest auf dem Boden	Die Füße werden abwechselnd aufgestampft.
… oder es fliegt	Die Arme werden ausgebreitet.
… oder es wackelt	Der Körper wackelt insgesamt.
… oder es steht auf einem Berg.	Die Arme zeigen einen spitzen Berg.
Der Eingang ist …	
… ganz weit oben	Beide Arme zeigen nach oben.
… oder ganz weit unten	Beide Arme zeigen nach unten (bücken).
… oder links	Beide Arme zeigen nach links.
… oder rechts	Beide Arme zeigen nach rechts.
… oder geradeaus	Beide Arme zeigen nach vorne.
… und dann gehe ich hinein.	Mit einem Schritt nach vorne gehen.

Während der Spruch aufgesagt wird, stehen alle Kinder und führen die entsprechenden Bewegungen aus. Ich bin Martin Busch noch immer dankbar für den Denkanstoß, da sich die Kinder sehr über diese Variante gefreut haben. Jede Gruppe hat andere Orte, an denen die *Häuser des Wissens* stehen. Dies war unsere ursprüngliche Version, die ganz individuell erweitert werden kann. Die Rückmeldungen der Teilnehmer werden einfach spontan mit einbezogen.

Eltern haben auch schon berichtet, dass ihr Kind zu Hause plötzlich bei den Hausaufgaben für sich ganz alleine diesen Einstieg wählte.

5 Schlusswort: Alles ist möglich

Mit diesem Buch haben wir versucht, Ihnen die Lernstrategie *Haus des Wissens* näherzubringen. Diese Methode kann sowohl ein Einstieg in die Arbeit mit inneren Bildern sein, als auch eine Erweiterung imaginärer Arbeitsweisen, die Sie vielleicht schon kennen. Gerne möchten wir Sie ermuntern, es einfach auszuprobieren. Im Gegensatz zu vielen anderen Methoden liegt hier die Kompetenz beim Lernenden selbst, der stets der Experte seines Hauses bleibt. Sie sollten dabei immer die Rolle des Lotsen beibehalten, sodass sich die Imaginationen im Haus des Lernenden ungestört entfalten können. So können Sie die vielfältigen Entwicklungsmöglichkeiten miterleben.

Heute stellt diese Methode weit mehr dar als nur die Möglichkeit, Wissen anzusammeln und abzurufen. Mit der Fähigkeit, sich auf das Wesentliche zu fokussieren und sich seiner Ressourcen bewusst zu sein, ist neben dem Spaß am Lernen die Steigerung des Selbstbewusstseins ein wesentlicher Aspekt. Es handelt sich somit nicht nur um ein *Haus des Wissens*, sondern auch um ein Symbol der eigenen weiter reichenden Kompetenzen und mentalen Fähigkeiten.

Abschließend möchte ich, Sabine, meiner Tochter Daniela dafür danken, dass sie uns allen ihre ganz persönlichen inneren Bilder zur Verfügung gestellt hat. Ihre selbstverständliche Arbeitsweise mit dieser Methode hat mir im Laufe der Jahre sehr praktisch gezeigt, was alles mit dem *Haus des Wissens* möglich ist. Das war für mich eine starke Motivation, die Lernstrategie weiterzuentwickeln.

Unsere gemeinsame Arbeit an diesem Buch hat uns sehr viel Freude bereitet. Der generationenübergreifende Blick auf das Lernen war ausgesprochen bereichernd für beide Seiten.

Nun hoffen wir, dass viele Lernende durch ihre ganz individuellen inneren Bilder zum Lernerfolg finden können – es ist ein Weg, bei dem alles möglich ist.

Anhang

Kopiervorlage für die Memorykarte mit dem *Haus des Wissens* (zum Ausschneiden und Laminieren)

Danielas *Haus des Wissens* – Verzeichnis der Erfahrungsberichte

Weitere Erfahrungsberichte von Daniela finden Sie auf der Internetseite carl-auer.de/HDW

Danksagung

Das Schreiben des Buches *Das Haus des Wissens* war eine spannende Reise. Wir haben auf dieser Reise viel gelernt und sind daran gewachsen. Das Ergebnis halten Sie nun in den Händen. Nur durch die Unterstützung von außen und innen konnte es das werden, was es heute ist. Wir sind sehr dankbar, dass wir so viel Hilfe, konstruktive Kritik und Wertschätzung während unserer Reise erfahren durften. Wir können die vielen Quellen der Unterstützung nicht namentlich nennen, senden aber jeder einzelnen unsere aufrichtige Dankbarkeit.

Nur durch euch kann das *Haus des Wissens* heute das sein, was es ist. Danke!

Sabine & Daniela

Literatur

Clemens, Z., D. Fabó a. P. Halász (2005): Overnight Verbal Memory Retention Correlates with the Number of Sleep Spindles. *Neuroscience* 132: 529–535.

Frisaldi, E., A. Piedimonte a. F. Benedetti (2015): Placebo and Nocebo Effects: A Complex Interplay Between Psychological Factors and Neurochemical Networks. *American Journal of Clinical Hypnosis* 57: 267–284.

Fritzsche, K. u. W. Hartman (2014): Einführung in die Ego-State-Therapie. Heidelberg (Carl-Auer).

Institut für medizinische und pharmazeutische Prüfungsfragen (2015). Vom Online-Archiv des IMPP, Prüfungsergebnisse des schriftlichen Physikums, im Frühjahr 2015 abgerufen.

Krüger, A. u. L. Reddemann (2012): Arbeit mit Täterintrojekten. In: Psychodynamisch Imaginative Traumatherapie für Kinder und Jugendliche. Stuttgart (Klett-Cotta), 3. Aufl., S. 190–196.

Milde-Busch, A., A. Blaschek, I. Borggräfe, R. von Kries, A. Straube u. F. Heinen (2010): Besteht ein Zusammenhang zwischen der verkürzten Gymnasialzeit und gesundheitlichen Belastungen bei Schülern im Jugendalter? *Zeitschrift für Klinische Pädiatrie* 222: 255–260.

Mößle, T., M. Kleimann u. F. Rehbein (2007): Erklärungsansätze zum Zusammenhang von Mediennutzung und Schulleistung. In: Bildschirmmedien im Alltag von Kindern und Jugendlichen – Problematische Mediennutzungsmuster und ihr Zusammenhang mit Schulleistungen und Aggressivität. Baden-Baden (Nomos), S. 21–48.

Oberstufen- und Abiturverordnung (OAVO) des Landes Hessen (Fassung vom 20.07.2009), Anlage 9a (zu §9, Abs.12): Tabelle zur Umrechnung von Prozentwerten in Notenpunkte, und Anlage 10b (zu §38 Abs.1): Tabelle zur Ermittlung der Durchschnittsnote für die Abiturzeugnisse gymnasiale Oberstufe, berufliches Gymnasium, Abendgymnasium, Hessenkoll.

O'Connor, J. u. J. Seymour (2001): Respräsentationssysteme. In: Neurolinguistisches Programmieren: Gelungene Kommunikation und persönliche Entfaltung. Kirchzarten bei Freiburg (VAK), 11 Aufl., S. 72–80.

Ötsch, W. u. T. Stahl (2003): Das Wörterbuch des NLP. Paderborn (Junfermann), 2. Aufl., S. 19–24.

Reckert, H.-W. (2009): Hypnotische Interventionen: die Kinotechnik. In: D. Revenstorf u. B. Peter: Hypnose in Psychotherapie, Psychosomatik und Medizin – Manual für die Praxis. Heidelberg (Springer), 2 Aufl., S. 461–462.

Reddemann, L. (2011): Zur Bedeutung der Imagination bzw. der Vorstellungskraft. In: Psychodynamisch imaginative Traumatherapie, PITT – Das Manual. Stuttgart (Klett-Cotta), S. 96–100.

Rückerl, T. (1996): NLP in Stichworten. Paderborn (Junfermann), 2. Aufl.

Schulte-Markwort, M. (2015): Das Prinzip Leistung. In: Burnout-Kids. München (Pattloch), S. 214–220.

Wamsley, E., M. Tucker, J. Payne, J. Benavides a. R. Stickgold (2010): Dreaming of a Learning Task is Associated with Enhanced Sleep-Dependent Memory Consolidation. *Current Biology* 20 (9): 850–855.

Watkins, H. H. (1993): Ego-State Therapy: An Overview. *American Journal of Clinical Hypnosis* 15 (4), 232–240.

Wirl, C. (2009): Hypnotische Intervention 1: Ressourcenaktivierung – Aktivierung eines Kraftwesens. In D. Revenstorf u. B. Peter: Hypnose in Psychotherapie, Psychosomatik und Medizin – Manual für die Praxis. Heidelberg (Springer), 2 Aufl., S. 767–770.

Zech, N., M. Seemann u. E. Hansen (2014): Noceboeffekte und Negativsuggestionen in der Anästhesie. *Der Anästhesist* 63, 816–824.

Über die Autorinnen

Sabine Fruth, Studium der Humanmedizin; 1993–2014 niedergelassene Hausärztin mit pädiatrischem Schwerpunkt in eigener Praxis; seit 2014 privatärztlich tätig (Psychotherapie und Hypnotherapie); Zusatzausbildungen in Hypnose, Psychotherapie (Tiefenpsychologie); Referententätigkeit zu »Imaginären Körperreisen« und dem »Haus des Wissens«.
Kontakt: *www.sabine-fruth.de*

Daniela Hütwohl (geb. Fruth), Dr., seit 2018 Ärztin in Weiterbildung (Fachbereich Neurologie). Zuvor freiwilliges soziales Jahr im Rettungsdienst sowie Studium der Humanmedizin. Praktika bzw. Famulaturen u. a. in Neurochirurgie (Kansas City, USA), Psychiatrie (Schwerpunkt Sucht, Marburg) sowie an der systelios-Klinik (Siedelsbrunn).
Kontakt: *d.huetwohl@gmail.com*